新装改訂版

# ヴィゴツキーの生涯


A・A・レオンチェフ 著

菅田洋一郎 監訳　広瀬信雄 訳

新読書社

著者　A.A. レオンチェフ
(1936—2004)

А.А. ЛЕОНТЬЕВ

Л.С. ВЫГОТСКИЙ

МОСКВА
«ПРОСВЕЩЕНИЕ»
1990

目次

# 序——著者より

伝記本の著者は、その全てにわたって隠れ人に変身する慣わしになっています。彼が主人公について語るすべては、歴史そのものであるかのように、あるいはいずれにしても学術史であるかのように見えます。彼自身はその道具にすぎず、たとえ自分の立場を示すにしても、学問内での動向をあれこれと紹介するにすぎません。

皆さんにお読みいただく本書の著者が、このありふれた処方箋に沿ったやり方をしたら、彼にとっては出版しないのとまったく同じことでありましょう。読者の皆さんには、その理由がすぐにはっきりするでしょう。そんなわけで私は、隠れ人を演じようとはしません。

……私が心理学者レフ・セミョーノヴィチ・ヴィゴツキーの名前を耳にしたのは、話し初める時期になったかならない頃です。というのは、私はこの名前がいつもしばしば語られた家庭で生まれ、そこで育ったからです。それが先生の名前でした。私は、彼の同僚や弟子たち、私の父であったアレクセイ・ニコラエヴィチ・レオンチェフ、アレクサンドル・ロマノヴィチ・ルリヤ、リジヤ・イリーニチナ・ボジョヴィチ、アレクサンドル・ウラジミロヴィチ・ザポロージェツ、ダニール・ボリソヴィチ・エリコニンらが、すごく感情を込めてヴィゴツキーについて語っていたことにいつも非常に感動しました。私は、彼ら―

今世紀のすぐれた心理学者たち―全てを非常に身近で知りました（知ったという訳は、彼ら全てが一九七〇年代末から一九八〇年代初めにかけて、次々と亡くなったからです）。私はこの感情を、天才との共存感、彼との親近感、それと同時に何か驚きといったような気持と呼びたいのです。なにしろ彼は、同僚や弟子たちにとって生身の人間であり、同じような部屋に住み、同じような給料をもらい、皆と同じように働いたのですから。といっても彼は、尋ねられたことに電話をしたり、文書を書いたり、正しく判断したりすることが、おそらく他の人々よりもいささか多かったかもしれません。生身の人間は、激情、長所・短所、好意・悪意、気持ちの高揚や誤りを示すものです。非常におそまつな歴史家たちだけが、天才をバイブルの主人公のように全知・全能の持ち主とするのです。彼のユニークさはそれとは全く違い、他の人々と同じ目標に向かいながら、彼らよりも近道を歩んだことにあります。つまり彼は、人より先んじてこの目標をたやすく理解するのです。また彼は、思想が脈打っていないような文章を一行たりとも書いてはいません。レフ・セミョーノヴィチ・ヴィゴツキーの書いたどんな文章でも、思想が脈動しています。

私が二〇歳代の初めの頃、我が家ではヴィゴツキーの名前は、心痛をもって語られていました。この名前は、生物学のニコライ・イワノヴィチ・ヴァビーロフ、教育学のアルベルト・ペトローヴィチ・ピンケヴィチやモイセーイ・ミハイロヴィチ・ピストラーク、哲学のコンスタンチン・ロマノヴィチ・メグレリージェ、言語学のエヴゲーニー・ドミトリエヴィチ・ポリヴァーノフに起きたような学術史からの強制的な抹殺はなかったのです。

だが彼には別の事態が生じました。彼は、ヴェ・ベ・シュクロフスキーが語っているように、「条件つきの忘却者」にされました。彼の著作は再版されなかっただけでなく、彼の死後残された多数の手稿も出版されませんでした。彼の弟子たちは、ヴィゴツキーの遺産をめぐるこの黙殺の陰謀を打ち破ろうといろいろ試みましたが、閉ざされた壁にぶつかりました。

何年もしてから、悪意をもって彼の著作の出版や、彼の考えの普及を妨げたという理由で、あえてヴィゴツキーの弟子たちを非難する比較的に若い人々が生じました。歴史を知らない途方もない無知のみが、このようなばかげた考えを生みだすのです。だが、わが国の学問の極めて過酷な時代においても、ヴィゴツキー学派の心理学者の誰一人として、自分の師を言葉や仕事の面で裏切った者はいなかったのです。ああ、だけどそのようなことは学問では稀な現象であり、学問だけでなく、周知のようにイエス・キリストの使徒の中にもユダがいたのです。この点では、ヴィゴツキーのほうがずっと運がよかったのです。

その後一九五六年から、ヴィゴツキーの考えや業績についての凱旋行進が、初めはソヴェトで、その後世界中の専門分野で始まりました。そして風評の試練です。当然のことながら、いつもこのような場合に見られるように、ヴィゴツキーの人格と活動は、作り話だらけとなりました。彼のすべての弟子たちが、あるいはそのほとんどが生きていた時には、彼らはこのような作り話の拡大を一掃することができました。だが彼らの大部分が亡くなった今、私たちの世代が、歴史的真実を回復する使命を引き受けなければならなくなりました。

私個人としては、口頭や文書で何度となくそれに取り組む機会がありました。そしてつまるところ、私にとってレフ・セミョーノヴィチ・ヴィゴツキーは、私の幼児期に知った名前であったとか、心理学や学問一般で私の師であった父親の恩師であったとか、また私が所属することを誇りとする学派の創立者であったとか、というだけではありません。私は彼の正義のためにも戦わなければならないのです。彼の名誉のために、彼についてこれまで積み重ねられてきたあらゆるえせ学問的な外皮や、さもなければあからさまな準学問的な外皮を一掃しなければなりません。

だから私はこの書物を冷静な筆致では書きません。私にとってこの書物を書くことは、真なるヴィゴツキーを再現する試みなのです。したがって私は、この試みに取りかかるに当たって興奮せざるをえないのです。

もちろん私は、伝記本の主人公を等身大に書くことを承知しています。できの悪い伝記では、極めて偉大なる学者が平凡な人のように見えたりもします。だが、そんなことでどうしてレフ・セミョーノヴィチに相応しい第二のヴィゴツキーを捉えることができましょうか。

ところで、もう一つ細かいことがあります。私は、父称を付けずにヴィゴツキーの名前を呼んだ弟子たちを、ただの一度も聞いたことがありません。彼らにとってヴィゴツキーは、存命中であれ死後であれ、いつもレフ・セミョーノヴィチ先生であったのです。彼と彼らとの年齢差は六―七歳しかなかったにもかかわらず、彼は先生でした。彼は二七歳で彼らの先生であり、また彼らの存命した七〇年から七五年にわたり彼らの先生であったのです。

# 日本語版への序文

A・A・レオンチェフ

この書物は、ソビエト連邦崩壊の前、そしてロシアにおいて歴史的な時代が入れ替わる時期よりも以前に書かれ、発行されたものです。事実、すでにミハイル・ゴルバチョフのペレストロイカの真っ最中であり、それが本書のスタイルにも反映しています。ですから読者は、強制的な思想的呪縛がなく、また『マルクス主義の古典』からの引用がほとんどなく、内面的には大きな自由をもってこの書物が書かれたことに気づかれるでしょう。ですが、それだけでなく、この書物は主人公レフ・セミョーノヴィチ・ヴィゴツキーに敬愛をこめて書かれています。彼は私の父の師であっただけでなく（そして私は、自分の父に師事したのですが！）、現代心理学における学派―つまり何よりもヴィゴツキーの思想を出発点とする文化・歴史学派の創始者であり、私は自分の自覚的な生活の全てをその普及と発展に努めました。ヴィゴツキーは、ほとんど不可能に近いこと、つまりすべてのソビエト心理学、後には世界の心理学を新しい道に方向づけることをやってのけた人物です。

彼の遺産を受け継いで成しとげられたことについて、私は論文『エリ・エス・ヴィゴツキーのキー概念、二〇世紀世界心理学への貢献』（「心理学ジャーナル」、二〇〇一年、第二二巻、四号初出）に書きました。

たとえ、私たちが今、全く違った国、つまり今日のロシア――「ソ連」とは全く違った国――に暮らしているとはいえ、自分の本を読み返してみて、今日、否認したり書き改めたりしなければならないようなところはほとんどありません。もっともマルクス、エンゲルス、とりわけレーニンに対しては、本書のはじめの部分《もう一つの序文》において「敬意を払って」いますし、その後も何ページかにわたって『マルクス＝レーニン主義』にも言及しています。それにしてもそうしなかったら、当時この書物は出版されなかったかも知れません。でも私は、ヴィゴツキーの心理学的見解の形成と発達に対するマルクス主義哲学の影響や、全般的に心理学におけるマルクス思想の位置づけに話が及んだとき、本質において私はどのことばも拒否するつもりはありません。とにかく、ロシアにおけるマルクスとエンゲルスの思想の普及が我が国にとって（他国にとっても）たとえどのような悲しい社会的、歴史的後遺症をもたらしたとしても、マルクスの哲学とマルクス主義は、ドイツ古典哲学の理にかなった発展であり、ヘーゲル哲学の一派です。心理学において、さらには哲学それ自体において、マルクス主義者であることは恥ずかしいことではなく、それは唯物論の後継者であること、そして同時にヘーゲル学派の弁証法論者であることを意味しているにすぎません。私の父であるア・エヌ・レオンチェフは、かつて私との対話で、こう指摘しました。「心理学者や自然科学者全般にとって、マルクス主義者であることは、むしろ当然である」と。

本書のロシア語版が出版された時からこれまでに、ロシア全体だけではなく、ロシア心理学においても何らかの変化がありました。ヴィゴツキーを扱った何冊かの書物も出版されました。その中で重要な書物は、ヴィゴツキーの長女ギタ・リヴォーヴナ・ヴィゴヅカヤとテ・エム・リーファノワによって共著で執筆されたものです（ここで私は両人に私が本書を書くときにいただいたはかりしれない援助に、もう一度謝意を表したいと思います）。その書物の表題は、『レフ・セミョーノヴィチ・ヴィゴツキー。生涯・活動・肖像のためのディテール』（モスクワ、一九九六年）です。ところで、その書物ではヴィゴツキーの活動については、彼の生活や人格についてよりも余り多く記述されていません。またヴェ・ペ・ジンチェンコ（本書で私が言及しているペ・イ・ジンチェンコの息子で著名な心理学者）とモルグーノフの『発達する人間、ロシア心理学概説』（モスクワ、一九九四年）も出ました。ここでも多くのページがヴィゴツキーに当てられています。さらにもう一冊の書物は、今は故人となったヤロシェフスキーのものです。それは『エリ・エス・ヴィゴツキー、新しい心理学の探求』（サンクト・ペテルブルグ、一九九三年）という題名です。またつい最近、若い研究者モロゾフの短い書物『ヴィゴツキーの弁証法。脱感情的な活動の現実』（モスクワ、二〇〇二年）も出版されました。一九九六年には『人道的教育学選集』シリーズの一巻として私の執筆した『ヴィゴツキー』が出版されています（二〇〇二年に重版)、それには以前に再版されたヴィゴツキーの論文とともに、彼のあまり知られていない『学齢期の児童学』も含まれています。またその頃にヴィゴツキーの著作は、さまざまな選集として、さまざまな出版社からくりかえし再版されています。とりわけ彼の生誕百年にあたる一九九六年には、ヴィゴツキーについての多数の論文が発表されました。

最近知られるようになったヴィゴツキーと彼の学派の新しい事実について、ここで三つの刊行物を挙げなければなりません。第一は次の文献です。ア・エヌ・レオンチェフ著、「心理学の哲学。研究遺産から」(モスクワ、一九九四年)。この書物には、初めてレオンチェフの過去の手書きメモが収集され、掲載されており、その中には『ハリコフ学派』時代のものが含まれています。第二にあげるのは、モスクワの心理学研究所の書庫で偶然に発見されたア・エヌ・レオンチェフのメモ『エリ・エス・ヴィゴツキーの児童学著作における環境学説』で、これは一九三七年のものです。(レオンチェフの早期の著作は、『ア・エヌ・レオンチェフ、活動心理学の成立』モスクワ、二〇〇三年)という書物に再録されます。しかしもっとも興味をひくのは、ア・エル・ルリヤの書庫でやはり偶然見つかったヴィゴツキー宛のレオンチェフの手紙で、これは一九三二年二月五日付の、一〇枚にわたるものです。これはヴィゴツキーとハリコフ学派(グループ)との関係の性格を決定的に明らかにしています。今、それは出版されています。ア・ア・レオンチェフ、デ・ア・レオンチエフ著、『決裂についての神話。一九三二年におけるア・エヌ・レオンチェフとエリ・エス・ヴィゴツキー』「心理学ジャーナル」二〇〇三、二四巻、一号です。

直接的または間接的にヴィゴツキーを扱っている書物や、いわんや論文に及んでは、英語やドイツ語で、アメリカやその他の国で出版されています。そのうちもっとも本質的な論文は、J・V・ヴェルチのモノグラフ「心の声、ケンブリッジ、一九九一年」（ロシア語版、ジェ・ヴェルチ、心の声、モスクワ、一九九六年）です。この著者は以前に、『ヴィゴツキーと心の社会形成』（ケンブリッジ、一九八五）を出版しています。

最近、日本においてもヴィゴツキーへの関心が高まっていることを知りうれしく思います（その具体的な指摘をしてくれたア・デ・パールキン博士に感謝します）。さまざまな大学、とりわけ神戸大学ではヴィゴツキー思想の分析を扱った研究団体があることを知っています。また、中村和夫教授（一九九八年）、高木光太郎教授（二〇〇一年）、茂呂雄二教授（一九九九年）の著者、そしてヴィゴツキーの『思考と言語』の日本語版が再刊行されたことを知っております。出版社「新読書社」とその社主伊集院俊隆氏に対し、私の本の日本語版の出版のご提案、並びに刊行までになされた労力に対し謝意を述べてこの日本語版への序文を終えたいと思います。

アレクセイ・A・レオンチェフ
心理学博士・哲学博士
国立モスクワ大学心理学部　人格心理学講座　教授
ロシア教育アカデミー会員

# 原著　序文

私は、大学者たちについてもう書かなければならないことになりました。その一人は、偉大な言語学者、イワン・アレクサンドロヴィチ・ボドゥエン・デ・クルテネです。他の二人は、彼の弟子であったエヴゲーニー・ドミトリエヴィチ・ポリヴァーノフと、レフ・ペトロヴィチ・ヤクビンスキーです。ところでヴィゴツキーは彼らを知っており、高く評価していました。だがなんといっても肝心なことは、私は父の研究歴に何度となく目を通す機会があり、すでにそこで、ヴィゴツキーの偉大な全体像が私の前に立ち現われたことです。しかし今、多大な難しい課題が立ちはだかっています。その特別な難しさとは何でしょう。

まず初めに、この書物がごく限られた専門家、ここでは心理学者を念頭においていないということです。この書物の宛名人は、とりわけ中学上級学年の生徒（年齢的にいって日本の高等学校生徒に当たる―訳者）たちで、残念ながら学校で心理学を学んでいません。といっても私がヴィゴツキーについて語る時、心理学一般についても語らざるをえないのです。なにしろ彼らは過去や現在の心理学の状況、多くの点でまさにヴィゴツキーの恩恵を受けているのですが、それについて知らないのです。そのような若者に、彼の世界的な心理学への偉大な貢献を、どのように解き明かしたらよいのでしょうか！
　それはそうとして私たちがヴィゴツキーの生涯について、ごくわずかしか知っていないということも問題です。もちろん、彼の家族によって保存されている彼についての個人資料があります。また国立公文書館にもヴィゴツキーの資料があります。だがこれらの資料といっても多くはありません。またヴィゴツキーを覚えていて、彼との出会いや共同研究について語れる人々もわずかしか残っていません。

　何らかの形でこの書物の出版に寄与してくれた全ての人々に、この場を借りて深甚なる謝意を表します。それらの人々とは、デ・ア・レオンチェフ、イ・ベ・ハーニナ、イェ・イ・ボジョヴィチ、ベ・デ・エリコニン、ベ・エム・ヴェリチコフスキー、イェ・ア・ルリヤ、ア・ア・プズィレイ、テ・エム・リーファノワ、ゲ・エリ・ヴィゴヅカヤ、テ・ヴェ・アフチーナ、その他の多くの人々です。

　故ブリューマ・ヴリフォーヴナ・ゼイガルニク教授は、これらの人々の一人でした。私はすでに、彼女と会う約束がまとまっていました。ですが果たせませんでした。またピョートル・ヤコヴレヴィチ・ガリペリンともお会いできませんでした。今日、彼もまた存命していません。自らの手でソヴェト心理学を作り出した人々の世代―ヴィゴツキーの世代―は、彼らとともにソヴェト心理学からいなくなりました。

しかしながら、最大の障害はこの点にありません。ヴィゴツキーは、苦しくとも希望に満ちた、同時に悲劇的な時代に生き、働き、死にました。私は今日の自分の抱く考えを、とりわけちょうどこの時代―一九二〇年代末から三〇年代初め―に向けます。というのは、まさにこの時代に、後の時代に生じた多くの過程や事件の根源がなくはないからです。それは、わが国の歴史だけでなく、学術史にも関係します。当時の言語学、心理学、法学、文学、歴史学で生じたことの理解は、多くの点で、今日のそれらの学問の抱える様々な障害や問題の理解を意味するからです。

したがって、現在から切り離された純粋な歴史的構想によって、ヴィゴツキーを記述することはできません。彼についての書物―それは、今日の心理学の書物でなければならないのです。そうでなければ、この書物は全く不必要です。だが、今日について書くことは、権威だけを求める仕事ではありません……。

いま教育学でのヴィゴツキーの貢献について語ることは特に難しい。この貢献は極めて大きかったのですが、十分に評価されていません。だが私たちが、教育学の創造的発展を妨げる形式主義と権威主義の甲羅を断固として打ち破ろうとするならば、レフ・セミューノヴィチ・ヴィゴツキーの教育遺産にも目を向けずにはいられないのです。

ではヴィゴツキーについての話、つまり、彼と私たちの時代と、彼と私たちの学問についての話にとりかかることにいたしましょう。

私は、この話を読者の興味をひくものにしたいと願っております。ところでプーシュキンは、偉人の考えを跡付ける仕事ほど興味をそそる仕事はない、と述べています。

……この書物を読むのは、楽でもないし、また簡単でもありません。というのは、レフ・セミョーノヴィチ伝の面白さや魅了性の全ては、外的な諸事件（それらは少なからずありましたが）といったようなことではなく、学問的思想の闘争と変動にあるからです。

誰との闘いか。

詩人はよくも語った。

おまえの全生涯は、闘いに明け暮れた。

自分自身、自分自身との……。

# 心理学とはいったい何なのか（もう一つの序文）

何世紀にもわたって学者たちは、人間とは何かということについて論争をしてきました。だが、人間精神の厳密な科学としての心理学は、ごく最近―一九世紀末―になって生じました。

もちろん古代や、その後においても、思考、記憶、想像、知覚の仕組みは人々の関心をひいてきました。だがまさに新しい時代になるまで、正確に言えば一七世紀になるまで、科学は、あたかも平行した二つの流れのごとく発展してきました。私たちを取り巻く世界、つまり事象の世界は、ますます自然科学的な知識の対象となってきました。自然科学は、人間も研究し始めましたが、それは生物学的な有機体としての研究であり、人間の解剖学や生理学の研究であったのです。

だが人間においてきわめて重要なこと―人間の心理、周囲の世界を正しく認識する人間の能力、この認識の結果に基づきながら世の中で確信を持ち、効果的に活動する能力―は、哲学的推論や内省の対象、つまり「自分の中で」、自分の心や精神の中で生じる意識の対象にすぎないとされたのです。それどころか大部分の学者は、外部の事物世界と人間の精神世界が、まったく違った法則の働く別種の世界であり、したがって自然科学の「物差し」

で心理にアプローチしてはならないと考えました。

その論理に注目して下さい（それは今後さらに私たちの役にたちます）。人間には、外部世界と、いわゆる「内部世界」があります。それは、私、あなた、彼の中にあり、私たち一人ひとりの中にあるのです。私は外部世界について何かを知ろうとする目的を設定することができます。観念論者の典型的な推論とは、次のようなものです。すわって考えなければならない。すると私は知力や、内的な精神的ひらめきで、もちろん事柄の隠された本質を見抜くのだ、と。ようやく一七世紀になって、著名なイギリスの哲学者で心理学者であったジョン・ロックは、世界についての私たちの認識の基礎にあるのは、とにかくひらめきとか、純粋な知力ではなく、生活世界についての私たちの感覚経験、つまり知覚であるという考えを学者たちに広めました。

同じ論理をさらに続けてみましょう。人間の行為は、どのようにして作り上げられるのでしょうか。人間は生活世界の中でどのように行動するのでしょうか。非常に単純です。初めに私は生活世界について考え、次にこの考えを行動で具体化します。つまりこの行動は私の思考の道具にすぎず、私の心・精神に対して何か外的で周辺的なものなのです。

一七世紀には、認識の原理としてロックの感覚経験論だけがもたらされたわけではありません。この世紀には、デカルトの反射論も生じました。フランスの哲学者、物理学者、数学者で、アイザーク・ニュートンと同時代人で同僚であったルネ・デカルトは、有名な「人間＝機械」という概念、つまり行動を外部作用への反射と見る考えを心理学史に持ち込みました。この考えは、すでに唯物論へと向かう大きな一歩でした。すなわち人間は、宗教の台座から引きずり下ろされ、優位性の栄光を失い、なにやら動物と一緒にされたのです。

だが心についてはどうなのでしょう。私たちは、訳があってデカルトを二元論―ラテン語の「二（duo）」、すなわちロシア語の「二（два）」―哲学の創始者の一人と呼ぶのです。彼は平然として人間を二つに分けました。その片方は、動物と共通する部分です。それはごく単純な反応であり、ごく単純な行動や情動行為です。だがもう一方はまったく別物です。人間という「機械」には「頭脳腺」といったようなものが存在し、そこに精神の所在があるというのです。だがそれはあたかもまったく別の次元に、つまり現実空間と関係なく存在するのです。精神、つまり精神活動と、有機体としての肉体は、相互にまったく切り離されていて、その間に少しもつながりがないとデカルトは語っています。これは、学術史では心身平行論と言われています。精神を知ることができるのは、自己観察だけなのです。

デカルトの二元論は確固としたものとなり、肉体から独立した個々の精神という考えは、長い間変わりませんでした。一九世紀末に心理学が実験科学となった時（ドイツでは著名な心理学者ヴィルヘルム・ヴントによって、ロシアでは後に述べるイワン・ミハイロヴィチ・セーチェノフによって、偶然にもほとんど同時にそれが始まりました）でさえ、心理学のほとんどの流派では、相変わらず二元論が支配していました。心理学は二分され、一方は実験的となり、他方は思弁的にとどまりました。生理学者と実験心理学者は、精神を実験室での研究に「置き代えた」のですが、そのさい精神を細かい部分に分けました。人間心理の一体性をまもるためには、実験で研究することが、本当の心理ではなく、見せかけにすぎないことを認めざるをえなかったのです。だがその背後に、まさに人間を人間たらしめる「精神の内容」、つまり実験を寄せつけない心があるのです。

しかし心がまったく存在しないことなどあるのでしょうか。また自然科学的な分析・観察・実験で分かることだけが存在するのでしょうか。なんと誘惑的な考えでしょう！　しかしとにかく、唯物論的な考えに非常によく似ています。でもこれは、なんとも奇妙な唯物論です。人間の精神的、心理的な生活を唯物論的に説明せずにそれに目を閉じ、この精神的な側面がまったく存在しないかのようなふりをしているのです。例えば、「思考は、行動、運動活動であり、それはテニス、ゴルフ、その他の筋力の様式とまったく同じ」と考えるようなものです。

だから思考は行動であり、意識、感覚、意思もすべてが行動にすぎないのですが、私たちはそれを見たり、「確かめたり」することもできないのです。つまり行動でないものは、まったく存在しないのです！　これと似たような考えは、いわゆる「行動」心理学とか行動主義《ビヘビアリズム》（英語の「行動《ビヘービア》」に由来する）と呼ばれたりします。そのような考えの持ち主には指導者として世界的な学者、すなわち、ワトソンやソーンダイクがいました。すでにお気づきのことと思いますが、このような考えは、プラグマチックなアメリカだけにおいてのみで生じ得たのです。

だがヨーロッパでは、行動主義は根付きませんでした。そこでは、それに代わっていわゆるゲシュタルト心理学（ドイツ語の「ゲシュタルト」、すなわち「形象」、「形態」に由来する）の考えが広く普及しました。ゲシュタルト心理学者の考えの本質は、次のようです。私たちは、外界の事物を知覚します。すると脳にそれらの事物の形象が作られます。次に私たちは、それらの形象を結びつけ、それらからもっと複雑な構造を組み立て、それを基にして推論し始めるというのです。これはまったく真実らしく見えます。だが困ったことに、ゲシュタルト心理学者たちは二元論、心身平行論から少しも免れていないのです。彼らにとって事物は、心理過程の「外的きっかけ」にすぎないのです。だからこの運動の指導者であったヴォルフガング・ケーラーは次のように述べました。彼の意見によると、一般的に言って「人間は、自然界に直接出入りできない」のです。後になるとますます悪くなります。「私は、私が書き物をしている机や、また私がパイプをふかす時のタバコの香りや、私の窓下の交通騒音を、知覚と呼びたい」。これは、ゲシュタルト心理学の別の指導者、K・コフカの述べたことです。

要するに、私たちの脳の外には、現実世界というものが存在するのですが、それは私たちの意識や精神と関係がないというのです。私たちにとって事物はどうでもよいのです。つまり私たちは、その形象、その知覚を扱うのですが、その形象が、どの程度、現実の事物を直接的に、正しく反映しているのかはわからないのです。私たちは、かつてフランスの心理学者アンリ・ピエロンの述べた「私たちの主観的世界」の枠内でうろつきまわるのです。この主観的世界には、独自な法則、精神の法則があるというのです。

行動主義とゲシュタルト心理学は、表面的にまったく似ていないように見えても、多くの共通点があります。

それら以外に二〇世紀初めの心理学には、さまざまな学派や流派が数多くありました。私は、心理学の発達の道筋を理解するために二つの流派だけで十分だと思いますので、ここではあえてさまざまな流派については述べません。

だがもちろん後で、その他の心理学や心理学流派についても触れることになるでしょう。

その第一は、すべての人間が環境に適応する受動的な存在であるということです。環境が人間に作用します（行動主義では、「刺激」とか興奮と言われる）と、人間は破られた均衡を回復しようとして、それらの作用に反応します。するとどこからともなく現われた形象が、自分の心の中で「ふるまったり」、結びついたりするというのです。

その第二は、すべての人間が、自活し責任をもって暮らす環境、つまり生活世界に適応するというのです。こうして事物世界や人間世界にも適応するのです。カール・マルクスは、このような場合として（彼は、実際には心理学者ではなく、ブルジョワ経済学者たちを頭に置いていました)、好んでロビンソン・クルーソーを例として挙げました。

……私たちは、今世紀の二〇年代初めに近づきました。だがここで少し前に、つまり前世紀の後半の初めに戻ってみましょう。すると二元論のどうどうめぐりを最初に突破した学者に出会います。その学者は、心理学が客観的な科学であり、「心」を物質界と対置させてはならず、個々の人間の意識や心の枠を越えさえすれば、心理を科学的に説明できる、という考えを高らかに示したのです。この学者は、反射の概念を用いて、きわめて複雑な心理過程や心理現象を説明しようとしただけではありません。すでにこの学者に対して、モスクワ大学心理学部の構内に記念碑が立てられなければならなかったのです。彼は次のような基本的な考えをもっています。つまり、意識、心を「発端」—外部刺激、興奮—から、また同時に「終末」—振る舞い、行動—から切り離してはならないのです。彼は、「全体から芯を抜き取り、それを切り離し、残りの『心理的』なものを物質的なものと対置させ」てはならないと述べています。

その思想は明快です。すなわち、外部環境の作用、意識活動(心理全体)と、行為、つまり、生活世界での人間の事物活動は、相互に機械的に組み立てられているのではなく、単一の系に有機的に結合されていて、そのような心理学体系を構築しなければならないのです。そのためにはどうしたらよいのでしょうか。明らかに、初めの二段階を事物活動としっかりと関連づけることです。身体から払い落とし、ふたたび眠りに落ちるにちがいないしつこい蠅として外部刺激を見るのではなく、またボールがそれなりの成行と独自の法則に従って、いずこかに転がっていくようなきっかけとして外部刺激を見るのでもなく、それを行為の部分や条件として見ることです。つまり、行為を意識から引き出すのではなく、逆に、意識を行為から引き出すのです！

……この学者イワン・ミハイロヴィチ・セーチェノフを、マルクスもエンゲルスも知らなかったようです。彼の哲学的見解は、唯物論に一貫性がなく不十分であったチェルヌイシェフスキーにむしろ近かったのです。しかし例外なしに当時のすべての心理学者は、きわめて進歩的な心理学者といえども、唯物論を知っていませんでした。つまりそのことによって、真に唯物論的なマルクス主義心理学の出現が何十年も遅れました。

このような心理学の形成においてマルクスとエンゲルスの貢献は極めて大きく、その路線はヴェ・イ・レーニンの哲学の諸著作に引き継がれました。またこの面において私たちは、優れたマルクス主義の理論家、ゲオルギー・ワレンチノヴィチ・プレハーノフにも多くの恩恵を受けています。マルクス主義の創始者たちは、意識、実践活動、コミュニケーションの緊密な結びつきや、人間意識の社会的・歴史的な性質を指摘しました。また彼らは、社会関係システムと活動と意識の依存関係を指摘しました。そして活動の社会的本質を明らかにしたのです。それ以外に彼らは、人間と動物の最も重要な違いを明確に規定しました。つまり、最も賢い動物であっても、動物は常に生活世界や環境に適応するのであって、それに対して人間は、自然を自らに適応させ、自然を変えるのです。エンゲルスは次のように書いています。このように自然を変えるということは、「人間思考の極めて本質的で、きわめて核心的な基礎」である。「人間が自然を変え始めたのに相応して、人間の知性が発達した」[1]。

もう一度強調しましょう。人間はロビンソン・クルーソーでも、この世界で一人でもなく、人間にとって他の人々は「環境」ではないのです。一九三〇年代初めに、著名なソヴェトの哲学者、コンスタンチン・ロマノヴィチ・メグレリージェが述べているように、「各個人の頭脳は、社会的思考の器官である」のです。

……こういったわけで若きレフ・セミョーノヴィチ・ヴィゴツキーが登場した時期の心理学が見えてきました。私たちは、彼が対立し拒否した点や、彼の目指したこと……を理解するために、この簡潔な歴史的な探訪を必要としました。

さて、彼自身（ヴィゴツキー）についてお話しましょう。

1 「マルクス・エンゲルス選集」、第二版、第二〇巻、五四五ページ。

# 第一章　心理学におけるモーツァルト
## （ヴィゴツキーがヴィゴツキーとなる）

不可思議に撫で付けられた髪……の下から、わが時代のもっとも輝かしき心理学者の目が、気高き明澄さと明晰さをもって世界を見たり。

エス・エイゼンシュテイン

私の話は、一九二四年一月六日にペトログラード（レニングラードの旧称—訳者）で開催された第二回全ロシア精神神経学会から始まります……。それは、カ・イェ・レヴィチンによって伝えられたア・エル・ルリヤの話の一部です。

「当時、まだ二七歳になるかならないかの青年であったヴィゴツキーが演壇に登場しました。彼は人間の意識や、その発達過程の科学的アプローチの意義や、またその過程の客観的な研究法について、半時間以上にわたり明瞭かつ整然と、論理的にすばらしい話をしました。ヴィゴツキーは手に小さな紙切れを持ち、時折それを見ていましたが、演説が終わってからルリヤが彼に近づいてその紙切れを見たら、それには何も書かれていなかった……ということです。

ヴィゴツキーの行なった報告は、ルリヤを非常に感動させました。そこで当時、若かったにもかかわらず心理学研究所の研究秘書をしていたルリヤは、ゴメリからレニングラードにやってきたこのまったく無名な人物を、ただちに今すぐにもモスクワに呼び寄せようとして、即座にその時の研究所長コルニーロフの説得に取りかかりました。レフ・セミョーノヴィチはこの提案を受け入れ、彼の家族はただちに研究所の地下室に住み込んだのです……」[1]。

この研究所は今でもあります。現在これは、ソ連邦教育科学アカデミー一般教育心理学研究所（出版当時—訳者）となっています。私の父は、長年にわたってこの心理学研究所の所員であり、私もそこで数年間勤務しました。だから事情に通じている一人として、次

1 レヴィチン・カ、「つかの間の模様」、モスクワ、一九七八年、三八〜三九ページ。第一章の題名は、私によるものではない。アメリカの著名な科学論者エス・トゥールミンがヴィゴツキーをそのように名づけ、彼について書いた自著において、そのような表題を付けている。

のように言えるのです。「地下室」といっても、読者は何かドラマチックな連想を抱いてはなりません。これは研究所の広大な地階に過ぎず、住居の条件として（その頃）それほど悪くなかったのです。そこにはヴィゴツキーとその家族以外に、たとえば一九二〇年代の著名な心理学者であったべ・エヌ・セーヴェルヌイの家族が長い間住んでいました。

当時、誰にもヴィゴツキーの名前は知られていなかったにもかかわらず、いったいどうしてこんなことになったのでしょうか。

実を言えば、この頃までにレフ・セミョーノヴィチには、すでにいくつかの出版された著作がありました。それらは文芸雑誌のいくつかの評論で、そのすべてが一九一六年から一七年にかけて掲載されています。当時ヴィゴツキーは、まだ「ヴィゴヅキー」（Выгодский）、あるいはエリ、エスというイニシャルだけの著名で、一九二〇年代初め頃になって、名前にあった「Д」の文字を「Т」に変えたのです。

ヴィゴツキーの家族の言い伝えによると、その理由は、彼がヴィゴツキー家の出自であると言われるヴィゴトフ市の名前と自分の結び付けようとしたからだということです。だがおそらくその謎解きは、もっと単純なように思われます。ちょうどこの当時彼のいとこのダヴィド・イサコーヴィチ・ヴィゴヅキーが本を出版し始めました。しかし彼ら両人とも詩作に携わっていたので、当時のことながら混同されたくなく、「一線を劃そう」としたのでしょう。

エリ・エス・ヴィゴツキーは、アンドレイ・ベールイの「ペテルブルグ」という小説についての二つの評論と、ヴィチェスラフ・イワノフの選集やメレジュコフスキーの書物の評論や、エヌ・エリ・ブロツキーによるツルゲーネフの「神父」という詩へのきわめて文芸学的な注釈書についても、評論を発表しました。心理学をうかがわせるものは、なに一つとしてありません！（おそらくこのような論説や評論は、もっとあったと思われます。彼が著者であると確かに言えるのは四篇だけです。だがヴィゴツキー自身は、まだいくつかの論説—新劇場、シェイクスピア、ユ・アイヘンヴァリド—を挙げています）。

ではなぜ彼はゴメリにやって来て、そこで何をしたのでしょう。中央にいた文芸批評家であったのでしょうか。

彼は幼年時代と青春の初期を過ごした都市に帰ってきただけなのです。彼はモスクワ大学で学び、五年間そこに滞在した（一九一三—一九一七年）後、ゴメリに帰郷しました。しかし、思っていたような歴史・哲学部（彼は時折、そのように書いています）ではなく、法学部で学びました。その隠れた理由は単純です。歴史・哲学部は、主として教師の資格を与えて卒業させました。彼らはたいてい、国立のギムナジヤや実業中学校の教師となり、したがって国家公務員の職に就いたのです。しかし、帝政ロシアでのユダヤ人は、事実上、公務員に採用されませんでした。法学部についていえば、その卒業生たちは、弁護士の職業を選ぶことができました。そしてこの職業は、公務員と関係がなかったのです。またそれ以外に、大学卒業証書を持っていれば、いわゆる「指定居住地域」—ユダヤ人がいつもそこで暮らすように定められた一種の巨大なゲットーで、白ロシアや「小ロシア」（ウクライナ）のいくつかの県に設けられました—以外に居住する権利が与えられました。けれどもレフ・セミョーノヴィチは、最初は親の希望に従って、特待生として医学部（現在の第一医科大学）に入学し、早くも一か月で法学部に移りました。

それにもかかわらずヴィゴツキーは、非公式ではありましたが、言語・文学教育を受けることができました。実はそのころ、モスクワには一九〇六年に創設されたシャニャフスキー大学と呼ばれた大学がありました。この大学は、ア・エリ・シャニャフスキーという自由主義的な将軍の資金によって創設され、それで彼の名前が付けられたのです。この大学は市民大学で、中等教育部門と、それ以外に、高等教育を行なう「アカデミック」な二つの学部—自然科学と歴史・哲学—がありました。この大学には、自由主義的で民主主義的な考えを持つ学者や大学教員たちが集まりました。その多くは、政治的動機によって大学を退学させられた学生たちの擁護に立ち上がり、その結果として一九一一年にモスクワ大学から解雇された人々でした（その解雇された人々の中に、カ・ア・チミリャーゼフ、ヴェ・イ・ヴェルナツキー、エヌ・イェ・ジュコフスキーがいました）。またこの市民大学は、全般的に最も進歩的な大学の一つとして多大な評判を呼び、政治的あるいは民族的な制約なしに学生たちが受け入れられたのです。

ヴィゴツキーはこの大学の歴史・哲学部で学び（一九一四—一九一七年）ました。そこで心理学と教育学の講義を担当したのは、パーヴェル・ペトローヴィチ・ブロンスキーでした。私はまた後でこの人物に触れることにいたします。
レフ・セミョーノヴィチは、一八九六年十一月五日（旧暦）に、ゴメリではなく白ロシアの別の都市オルシアで生まれました。だが早くも一年してゴメリに引越し、そこに長期間住みました。彼の父親セミョーン・リヴォーヴィチ・ヴィゴツキーは、ハリコフの商科大学を卒業し、銀行員や保険勧誘員をしていました。晩年、セミョーン・リヴォーヴィチ（三〇年代初めに死亡）は、モスクワにあった興業銀行支店の支配人をしていました。

エリ・エス・ヴィゴツキーと彼の親族についての伝記資料の大部分は、ゲ・エリ・ヴィゴヅカヤの保管していた家族記録から直接得られたものと、タマーラ・ミハイロヴナ・リーファノワの学位論文「エリ・エス・ヴィゴツキーの学問的創造における欠陥学の諸問題」（モスクワ、一九八五年）から得られたものです。テ・エム・リーファノワは、ありとあらゆる古い記録を調べ、きわめて貴重な資料を収集し、この偉業を成し遂げました。彼女の献身的な労作がなかったならば、私のこの書物は、だいぶ価値を失ったことでしょう。

レフ・セミョーノヴィチよりも後まで存命した母親のツェツィリヤ・モイセーヴナは教員になろうとしましたが、その生涯のほとんどを八人の子供（レフは第二子）の養育にささげました。その家庭は、市の特異な文化センター（実際にそうだった）と見なされました。例えばヴィゴツキーの父親が、市の公共図書館の基礎を築いたという資料があります。家族は文学を愛し理解していたので、ヴィゴツキー家から非常にたくさんの著名な言語・文学研究者が輩出したのは偶然ではありません。レフ・セミョーノヴィチ（彼を言語・文学研究者と呼べる十分な根拠があります）以外に、妹で著名な言語学者、教授法専門家であったジナイーダとクラウディヤがいたり、「オポヤーズ」（詩的言語理論研究協会）と密接な「ロシアフォルマリズム」の著名な代表者の一人であった、いとこのダヴィド・イサコーヴィチがいたりしました。若きレフ・セミョーノヴィチ（少年期や青年期の彼について語る時でも、なんとなく彼をレフと呼びにくいのです！）は、文学や哲学に熱中しました。彼の好きな詩は、プーシュキン、チュチェフ、ブローク、ハインリッヒ・ハイネでした。（「芸術心理学」、「思考と言語」を取り上げてみますと、そこにはゲーテ、チュチェフ、マンデリシュタム、ブローク、クルィロフ、グミリョフ……からの詩の引用が見られます。特にしばしば引用されているのは、プーシュキンの詩です）。

彼はアメリカの哲学者で心理学者であったウイリアム・ジェームズや、ジグムンド・フロイトの書物や、また偉大な言語学者アレクサンドル・アファナシェヴィチ・ポチェヴニャの「思想と言語」といった書物を数多く読みました。彼が死ぬまで終始愛した哲学は、ベネディクト・スピノザでした。そのことについては、彼の妹のジナイーダ・ヴィゴツカヤが、学年レポートで書いています。彼女は、レフ・セミョーノヴィチの大学時代に、モスクワの高等女子専門学校で学んでいました。
少年のヴィゴツキーは、ほとんど家庭で学びました。彼は最後の学年の二年間だけゴメリの私立ラトネール・ギムナジヤで学びました。彼は全教科で非凡な才能を示しました。彼はそのギムナジヤでドイツ語、フランス語、ラテン語を学び、自宅ではそれ以外に、英語、古代ギリシャ語、古代ヘブライ語を学びました。彼の卒業成績表によると、哲学、より正確に言うと、「哲学初級」（哲学入門）でも最高点をとっています。

こうしてレフ・セミョーノヴィチはモスクワに来ました。彼は文学、歴史学、経済学、ドイツ古典哲学に取り組みます。だから彼の興味の範囲のすべてが、彼をマルクス主義哲学の熟知へと導かざるを得なかったのです。確証されてはいませんが、彼がこの知識に触れたのはちょうど大学生の頃で、主として非合法出版物によるという情報があります。いずれにせよヴィゴツキーは、一九二四年に心理学者として急速な飛躍をし始めます。すでに彼の初期の諸著作（すばらしい書物「心理学的危機の歴史的意味」は言うまでもありません。この書物については別章で述べることにいたします）は、深い洞察によってマルクス主義的な方法論の本質を突いています。特に、同世代や古い世代の一連の心理学者たちの基調にある偽マルクス主義的な、とりわけ俗流マルクス主義的な思想構成に一撃を加えています。

……学生時代のレフ・セミョーノヴィチの著作の中で、最も関心を引くものの一つを見ていきましょう。それは卒業論文として提出されたもので、今日まで残っています。それは一二枚綴で、「デンマークの王子ハムレットの悲劇、W・シェイクスピア」と題するものです。ここで用いるのは第二案（一九一六年、二月）ですが、第一案は一九一五年の夏にゴメリで書かれました。この著書を開き、そこで示されているヴィゴツキー（将来の偉大な心理学者）を見ていきましょう。まず先に、ヴィゴツキーについて書いた誰もが一言も触れなかった点を明らかにしましょう。というのは、すべての人々が彼を深い学識のある哲学者、心理学者、言語・文学者であるかどうかとは関係なく、学者として見ていたからです。だが彼は非凡な作家でもあったのです。さあ自分で考えてみてください。

「日々閉じる時のめぐりや、明るき時と暗き時の果てしない連鎖の中に、何か極めて朧で漠然とした捉えがたい夜と昼の境がある。ちょうど夜明け前は朝の訪れる時であるが、まだ夜である。夜と昼のこの不可思議な移り変わりほど神秘的で謎めいた、朧げなものはない。朝が訪れたが、まだ夜である。朝は夜のしじまに浸っているかのようであり、夜に漂うかのようである。ほんの一瞬と思われるこの時に、何もかも—あらゆる事物と人物—が、朝と夜で異なる二つの存在かのように、あるいは夜と昼も変わらない一つの存在かのように思われたりする。この時刻では時間があいまいとなり、意識喪失の泥沼にいるかのような感じがする。糸がほころび、ばらばらとなるかのような不確かな時のとばり。この時刻の言いようのない悲しさと異常な神秘性には心がすくむ。朝になり始めると、夜の闇に浸っていたすべてが、それぞれ個々の薄明かりの縞として現れ、はっきりとしてくる。だがこの時刻ではすべてがあいまいで、不明瞭で、不確かで、言葉の通常の意味での影はない。

つまり、照らされた事物が地面に投じる暗い影はない。だがすべてが影のようであり、すべてが夜の面を持っている。これは極めて悩ましい神秘的な時刻である。時の喪失の時刻。引き裂かれたおぼろげな時のとばり。昼の世界が昇り来て夜の深淵があからさまとなる時刻。時刻は夜と昼。

デンマークの王子、ハムレットの悲劇を読み、観照した時に、心はこのような時刻を追体験する。観客や読者の沈んだ気持ちは、このような時刻に生じがちである。なぜならば、悲劇そのものがこの時刻によって示され、この時刻と類似しているからである。時刻と悲劇が心で一体となる。まさにその本質から見て、きわめて不可解で謎めいた、説明しがたい神秘的な気持ちが、永遠に捉えがたい印象として残る。それは叙情的な気分の高揚が生じる一瞬であり、消しがたい印象を刻み、以前と同じくそれ自体捉えがたいままであるが、いつまでも働く痕跡として残り、これまで味わったことのないような陶酔の痛みによって一生涯にわたり心を傷つける。だがこの痕跡像は言葉で言いつくせない。それは心の深層のきわめて心内的な傷であり、その心の痛みは筆舌につくしがたい、言語に絶する言いようのない心の痛みである。」

……私はもう一度ヴィゴツキーのハムレットの著作を読み返しました。そして再び同じ印象を受けました。何とすばらしい文体！　何と奥深い芸術的分析！　何とすばらしい文学的創造のメカニズムの洞察！　だが……将来のヴィゴツキーの心理学的仕事を予知するような言葉は一つも見当たりません。

　ではヴィゴツキーの伝記作者たちが、彼の学問経歴を二つの明確に分断された部分に分けるのは正しいのでしょうか。その前半部分は一九二二年から一九二四年で終わり、後半部分は一九二四年から始まるというのです。彼の科学的な心理学は、芸術心理学、もっと正しく言えば「芸術心理学」の著作の懐に抱かれて芽生えたのでしょうか。

　魅惑的な概念は、それにふさわしい簡潔さと外見上の明白さです。だがレフ・セミョーノヴィチがモスクワから帰郷してゴメリで過ごした時の彼の仕事を見ていきましょう。彼は中学校の生徒たちや、中等教育を受けてこなかった労働者や農民のための進学予備校や、また職業技術学校や夜間学校で、ロシア語や文学を教えたり、ゴメリ音楽院で美学や芸術論を講義したり、芸術や文学―シェイクスピア、マヤコフスキー、プーシュキン、エセーニン、チェーホフ、トルストイ―について数多くの講義や講演をしました。（しかも、アインシュタインの相対性理論についても！）。また彼は「月曜日」の発起人として文学作品概評を書き、また文学新聞「ヴェレスク」の創刊者の一人として、それに論説「カチャーロフとハムレット」を掲載したりしました。さらに彼は素人演劇の組織者で、彼の芝居や演劇趣味は生涯にわたりました。

　それ以外に彼は、県国民教育部の演劇支部や、また後には県政治啓発部の芸術課の主任となったり、地元紙の演劇欄を担当したり、新聞に多くの論文や論評を発表しています。県政治啓発部での彼の仕事は、一九二二年に中央紙の「芸術生活」で高く評価されました。一九二二年から二三年にかけて、ヴィゴツキーは「ゴメリ出版」の出版課の主任をし、一九二三年から二四年にかけて、党・ソヴェト出版局「ポレスペチャーチ」の出版課や、「ゴメリ労働者」出版所で文芸編集者として働いていています。彼がモスクワに出立する際に、役所から出された公式証明書には、次のように書かれています。「エリ・エス・ヴィゴツキーは、原稿の編集、雑誌・その他の出版、校正、校正刷りの監督、厳密な技術的、文学的、印刷上の仕事についての責務を巧みに、誠実に遂行した。」

しかし同じ時期に彼は、ゴメリ中等師範学校や、幼稚園教員養成の社会主義教育講習所や、学校勤務員（当時彼らは、シュクラブという耳障りな言葉で呼ばれていました）再教育夏季講座で、論理学と心理学（一般、児童、教育、実験）の授業を担当しました。彼はその中等師範学校に心理学実験室を設け、一九二二年から二三年にかけて五つの研究を行ないました。彼は後に、それらの研究の三つは第二回全ロシア精神神経学会で発表され、別の一つはさらに後の論文「呼吸に及ぼす言語リズムの影響について」の基礎となりました。

それらの研究は次のようなものでした。「反射学的な研究方法論の心理研究への適用」（後に出版）、「今日、心理学をどのように教えるべきか」（未出版）、「一九二三年、ゴメリ学校の卒業学年生徒たちの性向に関するアンケート調査の結果」（未出版）、五番目の研究は「コンプレックスと結合した新しい言語反射形成の実験研究」（未出版）です。この最後の研究は、後の文化・歴史的アプローチの先触れとなりました（第三章を参照）。

しかし重要なのは、モスクワに来て第二級研究員の資格試験を受けたばかりのヴィゴツキーが、半年間で三つの報告をしたことです。それらは、三月一七日の何冊かの新刊本についての要約と、三月二四日の「意識の心理学的性質について」と、五月一二日の「優位反応の研究」です。このことから一九二四年におけるヴィゴツキーが、「新米」の心理学者とどこか違っているとしばしば紹介されるのです！　一九二四年から二六年にかけて出版された論文や書物、特にゴメリ中等師範学校での講義を基にした「教育心理学」の書物は、新米学者の初デビューの印象を与えません。

しかし驚くまでもありません！　ヴィゴツキー自身が「すでに大学で専門的な心理学研究をしていて……年中それを続けた」と後になって書いています。また別の箇所で「心理学についての学問的な勉強は、すでに大学で始まっていた。それから一年たりともこの専門についての研究を止めることはなかった」と書いています。

このような才能のある人間、もっと正しく言えば、ヴィゴツキーのような天才的な人間であっても、まったく自主的に、また自然発生的に、独学で、あるいは学術史研究者たちがうわべを飾って述べているような独学者として、一人前の心理学者になりうるとは、なかなか考えられません。そんなに単純ではないのです。そこで青年ヴィゴツキーに心理学者としての専門的な仕事を教えることのできた人物を見つけなければなりません。

若きヴィゴツキーを科学的な心理学や教育学の問題領域に最初に導いた人物―それはペ・ペ・ブロンスキーでした―を回想し、一九一〇年から二〇年代のブロンスキーの心理学概念と、ヴィゴツキーの初期の仕事を比較してみるとその類似性に気がつきます（ヴィ[2]

2　参照。ブロンスキー・ペ・ペ、「学問改革」、モスクワ、一九二〇年同じくブロンスキー、「科学的心理学概説」、モスクワ、一九二一年。ブロンスキーとヴィゴツキーの見解を比較した研究はあるが、ヴィゴツキーの概念の起源に関する問題は提起されていない。

ゴツキーの創作活動の研究者たちは、なぜか今までそれをしてきませんでした！）。

ブロンスキーは（ヴェ・エム・ベヒテレフ、ヴェ・エム・ボロフスキー、他の若干の人々と共に）、「ロシア行動主義者」と通常見なされていますが、彼に機械論的、俗流的唯物論者のレッテルが貼られるのは、それなりの根拠がなくはありません。しかし彼らに共通性があるからといって、それら大学者それぞれの特殊性を覆い隠してはなりません。さてそこで私たちが注意深く見ていきますと、ブロンスキーにいくつかの重要な命題が認められます。それらの命題から言えるのは、彼は自分の心理学理論をマルクス哲学に基づいて最初に構築した異色の思想家であるということです。

イ・ボスの書物[3]では、ブロンスキーが初めに自分なりの概念を作り上げ、後にその概念にマルクスやエンゲルスの考えを「引き入れた」という考えが挙げられています。マルクス主義の偉大な創始者たちの直接的な影響を受けずに、唯物論心理学の体系を構築できたこのような心理学者に、名誉と賞賛あれ！

3 参照例。ボス・イェ・エ フ、Ondervijswetenschap en marxisme、フロニンゲン、一九七六年（ロシア語訳、イ・エフ・ボス、「教授科学とマルクス主義」）。

当時、「精神」の概念論的な心理学、つまり主観的な心理学に反対し、実験的で客観的な心理学を主張したすべての心理学者と同じく、ブロンスキーは人間や動物の行動研究に心理学の課題を認めました。この意味において彼は、ベヒテレフやボロフスキーと、結局は行動主義者となんら違っていなかったのです。確かにヴィゴツキーも一九三〇年まで、

「行動」という同じ用語をしばしば用いました。しかしブロンスキーは、この概念をどのように支持し、他の人々とどんな違いがあったのでしょうか。

彼の第一の考えは、人間の行動がなによりも行為、振る舞いであるということです。彼はすでに一〇月革命以前に、「生きることとは、現実を認識し、現実を改造することを意味する」と書いています。また彼の「教育学講義」の第二版では、同じように明確に「人間は、なによりも活動体である」と主張しています。したがって「心理学の課題は、生物の行為、振る舞い、一般的に言って行動の研究である」[4]のです。人間の行為は特別な性質を持っています。「……発生的な観点から人間活動を他の動物活動と比較してみると、人間活動を道具を用いる動物活動として特徴づけることができる。人間は「ホモテクニクス」（技術的人間）であり、「ホモソーシャルズ」（社会的人間）である。このことから明らかなように、その点に人間行動を解き明かす鍵がある。その鍵は、人間社会の技術的活動である。社会的生産がその基盤であり、人間行動はそれに基づいている。まさにそのことによって、我々は唯一の科学的観点としてマルクス主義の立場に立つ[5]」。

ヴィゴツキーは教師に恵まれていました！

ブロンスキーの第二の考えは次のようです。心理学の対象には、行動を左右するすべての要因が、つまり「行動の変容の理由や様態[6]」が含められなければならないのです。行動はなぜ変容するのでしょうか。私たちは、まさにここにブロンスキーのもっとも重要な考えを見出します。つまり人間行動は、「社会的行動に他ならないであろう」、「科学的な心

4　参照。ブロンスキー・ペ・ペ、「教育学選集」モスクワ、一九六一年、一〇五ページ、同じくブロンスキー、「教育学講義」、第二版、モスクワ、一九一八年、五二ページ、同じくブロンスキー、「心理学選集」、モスクワ、一九六四年、四一ページ。

5　ブロンスキー・ペ・ペ、「学問改革」、モスクワ、一九二〇年、三一ページ。

6　同じくブロンスキー、「心理学選集」、モスクワ、一九六四年、四一ページ。

理学は社会心理学である」[7]。「我々は……まさに社会心理学から出発し、そこからなんらかの個人心理学へと進んでいかなければならない。個人の行動は、社会環境における行動の関数である」[8]。また続けて次のように述べています。「人間個人は社会的な産物である。彼は抽象的な社会的単位でなく、それほど抽象的で社会外的な特性を持っていない。つまり、まったく彼は、能動的に、また可変的に人間に働きかける人間環境の具体的産物である」[9]。ここでは、自己の環境への適応か、環境の自己への適応かという問題が、結果として生じ得ます。人間の変化は社会変化の派生物であり、さらに社会と人間の発達は、マルクスとエンゲルスを直接引用した、まったく史的唯物論の様式で解釈されています。

ブロンスキーの第三の考えは次のようです。人間行動を理解し説明するためには、「人間行動を動物と、大人の行動を子どもと、文化的行動を野生の行動と[10]比較し、さらに人間行動の病的状態を研究しなければならない、というものです。

さて今度はヴィゴツキーの「芸術心理学」と、「教育心理学」を見ていきましょう。それらは一九二四年から二五年にかけて仕上げられましたが、すでにゴメリにいた時に始まりました。これらの書物や、同じ時期に出版された彼のいくつかの論文を熟読しますと、私たちは事実上、ブロンスキーと同じ基本的な考えどころか、彼と同じカ・マルクスとエフ・エンゲルスの著作からの引用文さえ見出します。部分的な一致点も数多くあります。思考を「抑制反射」と見る考えは、当時かなり広まっていた（例えばベヒテレフにはその考えが見られます）としても、ブロンスキーの確認した情動と呼吸の「極めて大きな依存

7　同じくブロンスキー、「学問改革」、モスクワ、一九二〇年、三〇、三四ページ。

8　同じくブロンスキー、「心理学選集」、モスクワ、一九六四年、四三ページ。読者はブロンスキーのこの発言や、それに続く発言に注意された。

9　同書、八九ページ。

10　同書、五九ページ。

性」(「その人の呼吸がどうであったのか言ってください。そうしたら私はあなたに、その人の感情と表情を言ってあげましょう」[11])は、前述したヴィゴツキーの小論文に極めて直接的に反映されていて、ちなみにそこではブロンスキーがじかに引用されているのです。記号論の歴史研究者たちは、まさにブロンスキーが、単語と文を記号として唯物論的な解釈をした最初の一人であることに関心を寄せるでしょう。そんなわけでヴィゴツキーの記号への関心の由来は、決して言語・文学研究だけでも、またエ・カッシラーだけでもありません。ところで皮質における心理機能の局在化に関する専門家たちにとって、ブロンスキーが非常に独創的な局在論を考えていたことを忘れるわけにはいきません。この問題についてヴィゴツキーが死の直前に述べた考えは、ブロンスキーによる「大脳は条件反射中枢の総体である」[11]に近いのです。ヴィゴツキーの「科学的心理学概論」や「教育心理学」の精神分析の章でさえも、「日常生活の精神病理学」というブロンスキーとまったく同じ題名が付けられているのです。

読者はすでにお気づきかと思いますが、ヴィゴツキーの科学的心理学の研究活動は、最初からブロンスキーの構想の実現として構築されました。ここでも人間と動物の行動比較、大人と子どもの比較、現代人と「未開人」の文化比較、さまざまな種類の病的な異常行動の比較が見られます。

だが彼はこの計画の実現に取りかかる前に、自分の学問上の信条をはっきりと定式化し、当時の心理学で自分なりの道を明確にしなければなりませんでした。それはいくつかの論

11　同書、九九ページ。

文でなされました。すなわち、「行動心理学としての意識」（一九二五年）、「反射学研究と心理学研究の方法論」（一九二六年）、ア・エフ・ラズールスキーの教科書への序文「一般心理学と実験心理学」（一九二五年）です。その頃の彼には、まだ多くの出版物があります。言うまでもなく、「芸術心理学」は未出版でした。この一連の研究は、著名な著作「心理学的危機の歴史的意味」（当時これも手稿のままでした）で締めくくられます。この著作には、すでに述べたように、特に本書の一章分が当てられています。

レフ・セミョーノヴィチ・ヴィゴツキーによるこれらの初期の心理学研究を振り返ってみましょう。だがまず初めに、それらの著作が執筆された当時の心理学研究所内で生じたことを見ていきましょう。

＊　＊　＊

心理学研究所―そのフルネームは、モスクワ大学付属・実験心理学研究所（一九二三年に新設されたロシア社会科学学術研究所協会〈略称、ＰＡＨＮＯＨ〉に移管された）―は、一九一二年にゲオルギー・イワノヴィチ・チェルパーノフによって創設されました。その設立資金は、著名な商人で後援者であったエス・イ・シチューキンによるもので、彼の妻の名前を研究所名にすることが条件でした。したがって、一〇月革命以前までこの研究所には、シチューキナという名称が付けられていました。

ゲオルギー・イワノヴィチ・チェルパーノフとは、どんな人物だったのでしょうか。ア・

エル・ルリヤは回想録の中で、彼を「観念論的な哲学者で論理学者であり、心理学も教えた」[12]と評しています。これは、故アレクサンドル・ロマノヴィチ（ルリヤ）には失礼ですが、まったく不正確です。もちろんチェルパーノフが、哲学者として観念論者であったことは誰も疑いません。だがチェルパーノフは、単なる観念論者ではなく、「精神物理的並行論」という考えを主張しながら一貫して心理学に二元論的な見方を導入し、そのことによって実験心理学の発展を客観的に促したのです。そのことに注意を向けなければ、彼の創設した心理学研究所やソヴェト心理学の歩んできた道の多くの点が理解できません。

それゆえにア・ヴェ・ペトロフスキーが次のように書いていますが、それはまったく正しいのです。「しかしながら、革命前の時期のチェルパーノフの活動について語られていることだけを論拠にして、彼の肖像を黒色だけで描こうとするのは、誤りであろう」[13]。ロシアでの実験（経験）心理学の成立にとって、彼の影響はきわめて大きく、彼は「心理学を教授した」だけでなく、ロシアの偉大な心理学者の一人でした。また彼は論理学者としても優れており、彼の平板印刷の論理学教科書は、これらの問題についてロシア語で書かれた最も内容の深い書物の一つです。

他でもないイ・ペ・パヴロフがゲ・イ・チェルパーノフを高く評価したのは偶然ではありません。心理学研究所開設の公式除幕式が催された一九一四年に、彼はチェルパーノフに祝賀状を送りました。ア・エヌ・レオンチェフに特異な出来事が生じたのは二〇年代の初めのことです。それは、カ・レヴィチンの書物の中でレオンチェフ自身の話を基にして

12　同書、一二〇ページ。

13　ルリヤ・ア・エル、「過ぎ去りし道のり」、モスクワ、一九八二年、一五ページ。

書かれています。しかし私はレオンチェフ自身から同じような話を聞きました。それを私なりにお伝えしましょう。

「一九二五年に私とルリヤは、実験医学研究所のパヴロフの下に派遣された。訪れた学者たちは学者会館に宿泊した。私はルリヤをネフスキー街のレストラン『オリンプ』での食事に誘った。しかし彼は、『ブルジョワ的偏見』といったようなことを話し始め、大学食堂で食事をしたいと言った。そこに出かけた彼は、パヴロフの指定した時刻に間に合わず、学者会館の二階にある私たちの部屋ですっかり青くなって座っていた。

訪問者たちは研究所を見て回った後に、パヴロフに紹介される段取りになっていた。パヴロフの助手、デ・カ・フルシコフがパヴロフの随員に私を加えてくれ、彼らと一緒に見回りを終えた（この見回りの時の話は省略します—著者）。さてフルシコフは私をパヴロフに紹介し、次のように言った。『モスクワから来たこの人物は、心理学研究所の若手研究員です』。パヴロフは私に手を差し伸べ、突然次のような質問をした。『ゲオルギー・イワノヴィチ（チェルパーノフ）は元気かね』。私は面くらい、次のように言った。『今の所長はコルニーロフです。研究所の方針は変わりありません。私たちは人間反応の客観的な研究法を研究しています』と。

パヴロフは、かっとなった。『残念だ。若者よ』。そして突然、背を向けて立ち去った。後で私はペ・エス・ポポフから知ったのだが、パヴロフはコルトゥーシャ村に心理学部門を設置する考えに執心し、チェルパーノフをその責任者に招聘したとのことであった。ポポフの日誌には、それに関するチェルパーノフとの交渉過程がすべて書かれている」。（これは、逐語的なメモではありませんが、非常に詳しい要約として残っています。そのいきさつは次のようです。つまり父は、一九七六年の春に亡くなる三年前から、毎週土曜日ごとに、これまでの自分の研究経歴のいきさつについて私に話をしてくれました。私は本書で、これからもしばしば、それらの口頭での話が要約されたこの非常に詳しいメモ帳に触れ、そのいくつかの箇所を直接に引用することになるでしょう）。

研究所には、チェルパーノフに率いられて多くの才能のある人びとがやってきました。その一人がすでに述べたコンスタンチン・ニコライエヴィチ・コルニーコフでした。彼はチュメニ生まれで、非常に苦学してオムスク師範学校に入学し、後に農村小学校教師として働きました。さらに彼は、ギムナジヤの課程を二年間学んでから、試験を受けモスクワ大学に入学し、よい成績で卒業し、当時言われたような「教授職に就くため」にその大学に残ります。今で言う大学院です。彼の教師がチェルパーノフでした。コルニーロフは彼の指導の下で、一九〇九年に実験心理学の研究を始めます。その研究対象は人間の精神反応で、コルニーロフは一九二〇年代初めに、それに基づいて「心理学的観点から見た人間反応論（反応学）」という研究書を執筆し、理論的概念を作り上げました。チェルパーノフ以外の若い研究者（もっとも著名な人物）として、エヌ・ア・ルイブニコフ、ベ・エヌ・セーヴェルヌイ、ヴェ・エム・エグゼンプリャルスキーがいました。彼らはそれぞれ、それなりの興味を引く人物であり、ソヴェト心理学史に異色な一ページを書き加えました。

一〇月革命後の最初の頃は、当時若かったエヌ・エフ・ドブルイニンが、反チェルパーノフ「左派」の代表でした。

けれども一〇月革命後の最初の頃は、本質においては研究所にはなんらの変化もなかったのです。心理学の再構築は、およそ一九二二年に始まり、それは第一回全ロシア精神神経学会の直前でした。改革派の先頭に立ったのはコルニーロフでした。彼はきわだった目標を提起しました。つまり、唯物論的な、マルクス主義的な基礎に立って心理学を再構築し、同時に心理学を実生活のニーズに近づけるというものでした。

興味を引くのは、コルニーロフの書物が出版された一九二一年から、彼が著名な報告「現代心理学とマルクス主義」を携えて登場した一九二三年一月にかけて、彼の主張が著しく変わったことです。彼はその書物で、確固として機械論的な俗流マルクス主義の立場に立ち、たとえば、「心理学は物理学の一部に他ならない」[14]と認めています。それでは彼は、第一回全ロシア精神神経学会の報告で、どのようなことを言っているのでしょうか（彼以外に基調報告をした人物として、ゲ・イ・チェルパーノフ、ヴェ・エム・ベヒテレフ、ペ・ペ・ブロンスキーがいました）。

第一に彼は、機械論的マルクス主義から弁証法的マルクス主義へと決定的な一歩を踏み出しています。第二に彼は、自分の見解を、心理的なものと身体的なものに分ける二元論的な分割に対置させています。心理は生活の反映ですが、この反映は特殊な主観的な性質を持っているのです。ここでコルニーロフは、心理学で初めてレーニンの反映論に基づこ

14　ペトロフスキー・ア・ヴェ、「心理学史と心理学理論の諸問題」、選集、モスクワ、一九八四年、四二ページ。

うとしています。彼によれば現代心理学の体系は、史的唯物論に基づく社会心理学をも取り入れなければならないのです。

一九二一年にコルニーロフは、自分の教師チェルパーノフを見習い、心理学と哲学の分離を求めました。だが一九二三年の彼の報告では、次のように述べられています。「多くの人びとにとって心理学の領域に……マルクス主義を適用する試みは、それ自体、根本的な矛盾を含むきわめて無意味な考えであるらしい」[15]。この「多くの」人びとの中に、まさにチェルパーノフと彼の一派がいました。彼らにとってマルクス主義を適用できる唯一の許容しうる分野は、直接に社会的な諸過程であったのです。

残念ながらコルニーロフは、実はこれらの一般的な表明以上には、当時もその後も少しも踏み出すことがなかったのです。もっと正しく言えば、彼は踏み出したのですが、もはや真なるマルクス主義心理学から脇にそれてしまいました。

ほぼ一年間、心理学研究所は沸き立ち、大講義室ではいたるところで討論が燃え上がりました。コルニーロフ派はチェルパーノフ派と争い、結局、前者が勝ちました。一九二三年十一月に国家学術協議会は、チェルパーノフを研究所長のポストから解任し、そのポストにコルニーロフを任命する決議を採択しました。それでコルニーロフは、すでに一九二四年一月の第二回精神神経学大会には凱旋将軍として出席したのです。

当然チェルパーノフは研究所を辞職し、彼の支持者たちも去って行き、一九二四年の間、研究所はてんてこ舞いでした。人びとは変わり、研究課題も変わりました。すでに一九二

15　コルニーロフ・カ・エヌ、「心理学的観点から見た人間反応論（反応学）」、モスクワ、一九二一年、一四一ページ。

三年末にカザンから新進のア・エル・ルリヤが招かれ、すぐに研究所の研究主任に任命されました。彼は次のような話をしています。「私が赴任した当時の研究所の状況は、非常に風変わりしていた。すべての実験室の名称は、「反応」という用語に変えられ、視覚反応（知覚）、記憶反応（記憶）、情動反応などといった名称の実験室があった。それはもっぱら、主観的心理学の痕跡と思われるようなものを一掃し、そのような心理学を行動主義といわれるものに置き換えようとする目的を持っていた。

研究職員は若く、経験の乏しい人たちだった。全員が二四歳以下で（これはまったく正しいとは言えません。研究所には年長の心理学者も働いていました。だが実際には、そのような人々は少なかったのです—著者）、適切な訓練を受けたものも少なかった。だが全員が情熱で燃えたぎっていたので、さまざまな反応について行なわれた研究の選択は実に広かった。つまり、白鼠が迷路を走ったり、成人被験者の運動反応の研究が綿密になされたり、教育の諸問題が研究されたりした[16]」。

だがこれは、出版された自叙伝で書かれたことです。ところでルリヤは、一九七四年三月二五日に行なった口頭報告「ソヴェト心理学の初期の発展過程—二〇年間」で、その同じ時期について次のように述べています。「私は突然、事件の真っただ中に巻き込まれた。私たちの研究所は、心理学のすべてを再構築しなければならないと考えた。……当面、心理学の再構築は二形式で進行した。その第一は名称変更で、第二は移動である。……私たちは重要かつ容易ならざる仕事をしていると心から信じ、良かろうと悪かろうとあらゆる

16　コルニーロフ・カ・エヌ、「現代心理学とマルクス主義」、モスクワ、一九二三年、五ページ。

場所に「反応」という言葉をつけた。同時に私たちは、実験室の家具を別の実験室に移し変えた。私は階段で机を引きずりながら、まさにこうすることによって研究を再構築し、ソヴェト心理学の新しい基礎が作り上げられると信じていた。そのことを今でも鮮明に覚えている。

この時期は、素朴と情熱という点で興味を引くが、当然のことながら、すぐに行き詰まった。コルニーロフとの意見の不一致は、ほぼすぐに始まり、私たちは彼の方針が気に入らなかった。だが研究所での研究は行なわれなければならなかった。そうして研究が進み、後に極めて興味深い結果がもたらされたのである[17]」。

ア・エヌ・レオンチェフは、この時期についてほぼ同じことを思い出しています。彼は一九二三年の終わり間際に研究所に赴任し、ルリヤの指導する感情反応実験室の研究員になりました（そして一九二四年二月にヴィゴツキーが研究所に赴任し、彼もまたルリヤの研究員となったのです）。

一九二四年の研究所の機構と職員構成は、論文集「現代心理学の諸問題（一九二六年）」に書かれています。「研究所の正会員」は、コルニーロフ、ブロンスキー、精神病理学部門の責任者で弾圧時代に殺されたア・ベ・ザルキンド、ラリーサ・レイスネル（エフ・エフ・ラスコーリニコフの妻で、作家や新聞記者であり、ヴィシュネフスキーの「楽観的悲劇」の中で女性人民委員のモデルとなった）の父で、著名な心理学者であったエム・ア・レイスネル、セーチェノフの刺激・意識・行為の統一体という考えを発展させた生理学者

17　ルリヤ・ア・エル、「過ぎ去りし道のり」モスクワ、一九八二年、一八ページ。

ニコライ・アレクサンドロヴィチ・ベルンシュテイン、児童言語の専門家エヌ・ア・ルイブニコフがいました。それに続いて今風で言えば上級研究員として「第一級研究員」が記載されています。その中には、著名な動物心理学者ヴェ・エム・ボロフスキー、精神技術学（応用心理学）の創設者イ・エヌ・シュピリレイン、エス・ゲ・ゲーレルシュテイン、さらにア・エル・ルリヤと他に三名がいます。「第二級研究員」（下級研究員）の中には、エリ・エス・ヴィゴツキー、エヌ・エフ・ドブルイニン、後に著名な心理学者となったヴェ・ア・アルテモフがいました。最後に、「非常勤研究員」が登場します。それらの中には、ア・エヌ・レオンチェフ、エム・エス・リベディンスキー、デ・エヌ・ボゴヤブレンスキーがいます。本書では、「非常勤研究員」であったベ・イェ・ヴァルシャワ、エリ・ヴェ・ザンコフ、エリ・エス・サハロフ、イ・エム・ソロビヨフの名前も出てきます。

研究所の新しい職員（エリ・エス・ヴィゴツキー）が、コルニーロフの反応学とベヒテレフの反射学にどんな態度をとったのか見ていきましょう。彼は後者（著名な生理学者ヴェ・ペ・プロトポポフを代表とする）に対して多大な疑念を抱きました。一九二四年一月の彼の有名な演説には、すばらしい見解が含まれています。ヴィゴツキーは次のように述べています。ベヒテレフと彼の反射学の仲間たちは、被験者に問いただすことを不可能と考え、ただ反射を記録している。しかし、思考の介入が反射の流れを根本的に変えるのではないか。セーチェノフとベヒテレフによると、これも抑制反射なのだ！　つまり「反射学が行動を理解しようとするならば、反射学は思考やあらゆる心理を考慮しなければならない。心理はもっぱら抑制運動であるが、じかに手で触れたり見えたりすることだけが客観的なのではない。顕微鏡や望遠鏡、あるいはX線でしか見えないことも客観的であり、同様に抑制反射も客観的である」[18]。

いったい意識とは何なのか。それは反射の反射であり、「心的体験が諸対象の体験の本質であるのとまったく同様に、心的諸体験の体験である」[19]。

意識は、反射系を取り結ぶ運動装置なのです。

この報告の第二の重要な考えは、次の点にあります。それは、人びとから発する社会的刺激群というものです。私はそれらを再生することができ、それらは私にとって可逆的であり、他の何よりも私の行動を決定するのです。それは言語反射です。ここに他人の心理を知る問題の根源があるのです。「我々は他人を意識するがゆえに、自分を意識する。……我々は自らにとって他者であり、すなわち、我々は自分自身の反射を再び刺激として知覚できるがゆえにこそ、自らを意識する」[20]。

「言うまでもなく、純粋唯物論は心理を否定し、反射学者のヴィゴツキーを批判する。だがそれは自己の領域内での唯物論にすぎない。それ以外に純粋観念論は、人間行動の全体システムから心理とその研究を分離する。

行動のない心理は、心理のない行動と同様に存在しない。なぜならば、それらは少なくとも同一であるからである」[21]。これこそ「生態学的」な心理学の支持者たちにとって予期しない発言でした！　心理現象は、他の反射系――言語、感情（情動）――によって反映され

18　レヴィチン・カ、「つかの間の模様」、モスクワ、一九七八年、四九ページ。
19　ヴィゴツキー、エリ・エス、「反射学研究と心理学研究の方法論」、現代心理学の諸問題、レニングラード、一九二六年、三一ページ。
20　同書、三三、三四ページ。
21　同書、三六ページ。

た反応なのです。主観的現象は、自分一人だけのものです。なぜならば、自分一人だけが自分自身の反射を刺激として知覚するからです……。

この時期に構想された第二の論文を挙げてみましょう。その論文は、一九二五年に刊行された「行動心理学の問題としての意識」です。しかしこの論文を完全に理解するためには、それ以前から執筆され、後に（一九二六年）に刊行された論文「ドミナント反応の問題」（この論文の発表は一九二四年五月でしたが、「意識」は一九二五年の一〇月です）を、まず初めに念入りに調べなければなりません。この論文は、いくつかの点で非常に「コルニーロフ的」で、この時期にコルニーロフが、ヴィゴツキーの研究を積極的に支持したのは驚くにあたりません。つまりヴィゴツキーはコルニーロフの反応の一体性という考えを好みました。その考えによれば、反応の場合には反射と違い、身体のすべてが関与し、この点に論理的、実験的な根拠があるとされるのです。ヴィゴツキーは、著名な生理学者でアカデミー会員であったア・ア・ウフトムスキーのドミナント学説に基づきながら、以下のような一般テーゼについて述べています。「人間行動は、ドミナント原理によって組織される。これは心理学にとって、興奮の支配的な歩みではなく、行動の優勢な傾向を意味するに違いない[22]」。

このテーゼをよく考えて見ましょう。つまり行動の一体性とは、人間が反応することではなく、また反応あるいは反射のまさにその事実にあるのではなく、主要とされ従属的とされたりする反応の仕方にあるのです。振る舞いは、人間の反応や、その時に生じる心理

22 同書、四ページ。

過程も決定します。これはセーチェノフの流儀です！

さて今度は意識についての論文です。その題辞には、最悪の建築家と最上の蜂の違いについて述べているマルクスの「資本論」の有名な言葉が付されています。だが特徴的なのは、マルクスの次の見解が含まれていることです。つまり、労働者が最初から観念的に頭に描いていたことが労働の終わりにもたらされ、その観念的に描いていたことが、労働の意識目標を現実化し、その目標が労働者の行動の手段や性質を決定する、という見解です。すぐに分かるように、このマルクスの見解を反射学や反応学と一致させることは非常に難しいのです……。

ヴィゴツキーは確信をもって立証しています。つまり、心理学から意識や思考を排除して人間の行動を客観的に研究することはできません。行動には一定の構造があります。「人間は、反射で満たされた皮袋とはまったく違う。脳は、たまたま滞在する一連の条件反射のホテルではない[23]」。「反射」と言っても、私たちは何も言っていない。「それも反射、これも反射であるが、それらの違いはいったい何なのか[24]」。意識は行動の構造問題でもあるのです。生体のあらゆる反応と一貫した解釈が、見出されなければならないのです。さらに第二の要請とは次のようなことです。つまり、私たちの意識についての仮説は、意識と関連したあらゆる基本的な問題を、無理せずに説明できなければならないのです。

そこでさらに、意識の本性の仮説そのものに話を進めていきましょう。

一　マルクスの規定。人間の特徴は、環境を自分に能動的に適応させることです。労働

23　同書、一二二ページ。
24　同書、一七〇ページ。

は本来、労働の結果像を前提としています。ここに、人間経験の増大という考えがあるのです。労働は、初めに観念形態として、つまり表象という形態で登場し、次に手の動きや物資の加工として登場するのです。

**二**　反射相互の結合、つまり反射系が意識のメカニズムなのです。意識は「さまざまな反射系の相互作用や反映であり、また相互興奮である。刺激として別の系に伝達されたり、反響を呼び起こしたりすることが意識される」[25]。私たちはすでにこのことを、ヴィゴツキーの別の論文から知っています。

**三**　意識が反射の伝達メカニズムであるならば、自己意識も内省も、また人間による自己の情動、自己の認識、自己の意志の自覚もたやすく解釈できます。ヴィゴツキーはこれを論文で示しています。

**四**「だがおそらく最も重要なのは、この考えによって、誕生時からの意識の発達、経験による意識の発生、意識の二次性、したがって環境による心理の制約性が明らかにされることである。存在が意識を決定するという法則は、ここで初めてある程度仕上げられ、正確な心理学的な意味を持つようになる……」[26]。

**五**　たとえば言語といった社会的刺激は、心理学的に独特なものです。それらは別の様式で行動を決定します。だから「言語の自覚と社会的経験が、同時に、またまったく平行して生じる」のは偶然ではないのです。まさに「意識が、あたかも社会的接触であることは言うまでもない」[27]ことです。

25　同書、一八〇ページ。

26　同書、一八七ページ。

27　同書、一九四ページ。

現在、ヴィゴツキーのこれらのすべての命題は、月並みのように、あるいは時代遅れのように響きさえします。しかし、それらの命題が述べられた当時では革新的であったのです。自分で考えてみてください。

私たちの前には、一九二四年から二五年にかけて出版された書物が何冊かあります。その一冊は、著名な心理学者で教育学者でもあり、人民教育委員部のすばらしい活動家で心理学研究所の研究員であったア・ベ・ザルキンドの「革命期の文化概説」（モスクワ、一九二四年）です。別の書物「人間行動の科学」（モスクワ、一九二五年）の著者エリ・ヴェ・ザンコフは、この時期の数年間、心理学研究所の研究員であっただけでなく、およそ一年間、直接ヴィゴツキーと共に研究しました。三番目の書物「現代心理学とマルクス主義」（レニングラード、一九二四年）の著者は、私たちのよく知っているカ・エヌ・コルニーロフです。

ザルキンドの概念は、精神生理学的な問題の典型的な俗悪化です。たとえばその書物は、次のような要請で始まっています。「マルクス主義者たちは、精神生理学の社会学化にすぐに取り組まなければならない」（一〇ページ）。さらに続けて、まったくヴェ・エム・ベヒテレフの「集団反射学」の流儀で、階級生理学の見解や、人間が「著しく社会的に分化した」動物で、「そのあらゆる生物学的機能において、この顕著な社会的意味合い」（一五ページ）を持つという見解を示しています。また教育学は、「社会的反射の育成」などといった記述もあります。だがこの書物は、この時期としては一〇万冊と言うまったく驚くべき部数が教師向けのモスクワ出版所「労働者啓発」から出版されました。

ザンコフの大衆向けの文庫本は良く売れ、「『ともし火文庫』からさらに五万部も出版された。」著者は、「現代マルクス主義的な人間行動の理解と解釈の骨組みの概説」を意図していました。エリ・ヴェ・ザンコフは誤解を招かないように、「我々は、行動という意味を環境への適応と考えている」（五ページ）と即座に説明しています。

当然のことながらザンコフは「過去の心理学」に非難を浴びせ、行動科学の優越性を次の点に見ています。行動科学にとって「心理現象は、まったく疑いもなく、多かれ少なかれ複雑な反射にすぎない」、その規則や法則は……神経系の生理学に求めなければならない、と言うのです。一般的に見て、またしても反射学であり、パヴロフとベヒテレフの風変わりな雑種です。それは言語分析において特にはっきりと認められます。つまりザンコフにとって言語は、たかだか「音声反射」にすぎないのです。「言葉は、一定の刺激に対する応答運動である。この点で言葉は、手の運動と違わない」（三二ページ）。

やっと終章「社会環境の役割」になって、著者は反射学者たちが行動の社会的要因を無視していること気づき、非難し始めます。実は人間の行動は、もはやまったく環境への適応ではなく、道具を用いた自然への能動的な働きかけ（マルクスの引用が続きます）ということに気づくのです。しかしザンコフは、これとの関係で当時流行のエヌ・イ・ブハーリンの参考書「史的唯物論の学説」から非常に不出来な定式を好意的に引用し、それを最良のものと認め、個々の個人を「環境の影響が詰め込まれたソーセージの皮」（ヴィゴツキーは、人間が「反射で満たされた皮袋ではないと」と述べ、この定式と論争しているではありませんか）と見ているのです。この書物は、二つの観点、つまり生物的観点と社会的観点を統合する呼びかけで終わっています。

マルクス主義心理学で指導者の役割を自負（実際には失っていました）したコルニーロフは、定式についてもっと気をつけなければならなかったのです……。しかし興味深いことに、彼の心理学方法論における基本的な諸問題は、七二ページに示されているだけなのです。一体どのように書かれているのでしょうか。「偉大な数学者ガウスと未熟練労働者について、一般的によく知られているこれらの脳図に注目しなさい。社会的条件によって引き起こされる生物学的特性の違いが、はっきりと存在する」。なんとコルニーロフ的な「社会心理学」の典型ではありませんか！

コルニーロフによれば、パヴロフとベヒテレフの二学派は、個人心理学を取り上げているのにすぎないというのです。それらを心理学的に見るならば、その意見は正しいのです。しかしどんな代案なのでしょうか。「私たちにとってこの個人心理学は、社会的、階級的、職業的な心理学を背景に置けば、より具体的、かつ明瞭となる。しかし重要なのは、この個人心理学がこれまで以上に生活と密着したものになることである」（七三ページ）。個人心理学を社会的本質によって説明するのではなく、それに社会的「背景」を付け加えているのです！　またさらに続けて、彼は次のように言っています。「人間の行動を決定する二つの要因―社会的要因と生物学的要因―のうち、私たちが完全な優先権を与えるのは前者である」。いったい社会学的アプローチの本質とは何でしょうか。「マルクス主義心理学は、個々の人間を一定の階級の変形と見ている」（七五ページ）。

方法論的に、また理論的に孤立無援なヴィゴツキーの書物や論文と較べ、なんという雲泥の違いがあるのでしょう！　それらの間には、学問の発展におけるれっきとした歴史的新時代があるのです。

私はこれまで、ヴィゴツキーのいくつかの出版物に触れないできました。たとえば、同じ「現代心理学の諸問題」には、著名なゲシュタルト心理学者カ・コフカの内省についての論文の翻訳が掲載され、それにレフ・セミョーノヴィチの前書きが付されています。ところでこの前書きには、マルクス主義心理学とアメリカ行動主義やロシア反射学との違いを確定する課題が、はっきりと提起されています。つまり「社会的人間の社会心理学の根本原理を確立しようとする」（一七六ページ）闘争は、マルクス主義心理学を予期している、と述べられているのです。こんなにはっきりと述べられているのです。ここでヴィゴツキーはブロンスキーと手を結び（「人間個人は社会的所産であるのか」を思い出してください）、はっきりとコルニーロフと決別したのです。

ア・エフ・ラズールスキーの心理学教科書（この教科書はコルニーロフの心理学参考書が出版された後に再版され、積極的に利用されました。チェルパーノフの広く普及した教科書に代わる何かを必要としたのです！）のヴィゴツキーの序文には、エリ・ヴェ・ザンコフが、自著の終わりの何ページかで思い出した「自然を我が物とする人間の能動的な労働適応の特有性」というまさにマルクスの思想そのものが含まれています。この前書きには、全般的に多くの興味深い要素が見られます。たとえば、ラズールスキーの「あらゆる心的体験は……すでに過程、あるいは活動である」（一巻、七一ページ）[28]という主張が、好意的に評価されています。あるいは、この前書きの終わりの二枚には、将来の唯物論心理学がどうなって、どうあるべきかということが書かれています。すでにここには、簡潔ですが、一九二四年に執筆された「心理学的な危機」のすべての基本的な考えが含まれています。さらにここには、行動への生物学的アプローチと社会的アプローチを統合する考え（しかし相互補完的ではない）や、厳密な科学的（つまりマルクス主義的な）哲学を支柱としなければならないという指摘や、また「古臭い」経験心理学のあらゆる学問的仕組みを再検討する要請が見られます。

けれどもこの前書きは、ラズールスキーの書物の本文について、ヴェ・ア・アルテモフ、エヌ・エフ・ドブルイニン、ア・エル・ルリヤ、ヴィゴツキーによって作成された編集補足とおそらく切り離せないでしょう。それらの補足には、根本的に重要な点が含まれています。つまり、五五―五六ページの「我々による我々の心理の意識性」は、「我々の反応の活動的な性質」―またしてもセーチェノフに由来する奥深い唯物論的な考え―から導き出されています。一九六ページでは、空間と時間の表象が、「社会的活動の結果として発達し、この活動のなんらかの段階と一致する」と述べられています。つまりこれは、人間生理学の不自然な「社会化」ではないのです！　編集者たちの意見によると、渇望（欲求）

28　同書、一九七ページ。

は「一定の満足を求め、そのことによってあらゆる人間行動を方向づける個人の絶えざる内的刺激となる」、「持続的な社会的影響の結果として、個人の複合的な部分となる」（二二七ページ）のです。今そのことを私たちは、「社会起源的な欲求」と呼んでいます。

一件落着のように思えるかもしれません。だがそれにもかかわらずソヴェト心理学史では、初期ヴィゴツキーの実際の諸見解と少しも共通点のない主張が減っていないのです。

たとえば二〇年前のア・ヴェ・ブルーシュリンスキー教授の書物がそうです。それによると、ヴィゴツキーは「一九二七年以後」、「次第に行動主義的な立場を捨て去る」[29]というのです。この書物の価値を全体として認めるにしても（例えば私は、彼の多くの主張に同意できませんが、ヴィゴツキーの見解をしばしば異質なものと見なす真剣で誠実な態度には満足しています）、そこには粗雑な単純化が見られます。本当にヴィゴツキーは、書いたものでも、またどんな時期でも一度として行動主義者であったことはなかったのです！

ソ連邦教育科学アカデミー会員、ア・ヴェ・ペトロフスキーは、意識についての有名な報告を分析していますが、それにはまったく同意できません。なぜだか彼は、意識を反射の反射とする定義が、意識を客観世界の主観像と見るマルクス・レーニン的な理解と矛盾する、[30]と考えています。ペトロフスキーは、ヴィゴツキーの以下の一節が特に「疑わしい」と思っています。「意識と世界（反射への反射と、刺激物への反射）の違いのすべては、現象の文脈における違いにすぎない。この世界は、刺激物の文脈の中にあり、またこの意識は、私の反射の文脈の中にある。この窓は事物（私の反射の刺激物）であり、同じ性質

29 ヴィゴツキー・エリ・エス、「ヴィゴツキー選集」（六巻本）、モスクワ、一九八二〜八四年、教育学出版所。

30 ブルーシュリンスキー・ア・ヴェ、「思考の歴史文化論」、モスクワ、一九八六年、六ページ。

を持つ窓が私の感覚（別の系に伝達された反射）なのである」（一巻、四一―四二ページ）。

確かにこれらの言葉を以前に引用したカ・コフカの発言、つまり「私が書き物をしている文机を知覚と呼びたい」、あるいは、ゲシュタルト心理学者たちによる他の任意の類似した綱領的な言明と関連づけたくなります。違いはわずかです。文机が知覚（知覚像）なのか、知覚像が文机なのか、です。前者の場合には、私たちはマッハとその一味の手中にじかにはまり込んでしまいます。ヴェ・イ・レーニンの著名な書物「唯物論と経験批判論」を読んでみてください。後者の場合では、知覚の対象性（また意識の対象性）という根本的な重要な考えを到達します。ところでゲシュタルト心理学者の作り上げた知覚の諸原則には、まったく当然のことですが、知覚の対象性がないのです。ヴィゴツキーは、彼のこの時期のすべての研究から明らかなように、まさにマッハ的ではなく、まったく唯物論的な立場に立っています。窓、これが客観的事物とすれば、窓が「同じ性質を持って」感覚に現れるという言葉は、私にとってまったく疑問の余地がありません。では意識を反射の反射とする定義はどうでしょうか。だが意識は心的体験の心的体験であり、その体験の本質は事物体験であることを思い出してください。事物体験なのです！　またさらに経験の増大と結果像の話が続きます……。ヴィゴツキーは生涯にわたって、ここに心理学（また生理学）言語の最たる不完全さがあると苦々しくぐちをこぼしました。一般的に見てヴィゴツキーをナイーブで、哲学的に生半可であると考えてはなりません。彼の見解を分析するときには、常に確かめ、彼が専門的に通暁しているという一種の仮定から出発しなければばなりません。ヴィゴツキーに無理解な点や、評価に誤りがあると思われるならば、彼の著作でその箇所を探してください。そうすれば彼がよく理解し、正しく評価していたことが明らかになるでしょう……。必ずしも私たちは彼をよく理解しているわけではないのですから。

ア・ヴェ・ルナチャルスキーはある論文の中で、次のようなレーニンの言葉を伝えています。「あなたたちが偉大な作家の何かを読み、彼の何らかの主張がばかげていたり、間違っていたりすることに気づいたならば、まず初めに自分が彼を理解するまでに至っていないと思い、理解しようと努めなさい。そのことがほとんどいつもプラスとなるのです」。「作家」を「学者」に置き換えてみますと、この言葉はヴィゴツキーに当てはまります……。

この時期の著作の一つ、「芸術心理学」の論文の話が残りました。それについて述べ、それを学位論文と呼ぶ時に、私たちが言い忘れるのは、審査結果が修士や博士の学位授与ではなく（当時はそれらの学位はなかったのです！）、「第一級研究員」の称号とならざるをえなかったことです（彼は病気で入院していたので、審査そのものを免除されました。彼の称号は、本人欠席で授与されました）。

ところでこの書物の一般心理学的な面を取り上げてみますと、わずかな場所を占めるにすぎません。だがその記述は、当時の他の著作と非常に似ています。例えば心理は、「経済的諸関係と社会・政治的体制が、何らかのイデオロギーを創りだす媒介的メカニズム」[31]

31 参照。ペトロフスキー・ア・ヴェ、「ソヴェト心理学史」、モスクワ、一九六八年、二五ページ。

として考察されています。しかしさらに続けて、次のようにはっきりと述べられています。「……きわめて私的で個人的な思考や感情などの動きにおいても、個々の人間の心理は社会的であり、社会的に条件づけられている」[32]。社会心理を個人心理から導き出そうとする心理学者たちは間違っているのです。まったく逆なのです。「まさに個々の人間の心理学、これも社会心理学が研究する心理である」[33]。しかしこの書物で最も重要なのは、分析のきわめて難しい資料、つまり芸術資料についての個人心理の文化・歴史的な媒介論の逆説的な証明です。（以下の第三章を参照）。「……技術が単に一人の人間の手を延ばしたのではないのとまったく同じく、芸術も「社会的感情」の延長なのである」[34]。しかし、さらに続けてしばしば引用される次のような注目すべき言葉が述べられています。「感情の鋳直しは、我々を超越した社会的感情の力によって生じ、その社会的感情は、社会の道具となった外的な芸術作品に、我々を超越して客観化され、持ち出され、物化され、定着される」[35]。

この書物はなぜか著作の存命中に出版されませんでした。特にア・エヌ・レオンチェフのような彼のもっとも身近な弟子たちは、当時その手稿に詳しくなかったのです。しかし彼はそれをセルゲイ・ミハイロヴィチ・エイゼンシュテインに見せ（もしかしたら寄贈したのかもしれません）、その結果としてエイゼンシュテインの資料コレクションに一部が保管された次第です。そして彼によって「芸術心理学」の第二版が出版されることになりました。

32　ヴィゴツキー・エリ・エス、「芸術心理学」、モスクワ、一九六八年、二五ページ。
33　同書、二八ページ。
34　同書、三〇九ページ。
35　同書、三一六〜三一七ページ。

# 第二章　新しい人間についての科学

## （心理学的危機の歴史的意味）

生理学で、唯物論者であることは、たやすいことである。心理学で、唯物論者であってみよ。

エリ・エス・ヴィゴツキー

一九二四年から一九二五—二六年の冬にかけて、ヴィゴツキーの生涯に多くの重要な出来事が生じました。彼は、モスクワの児童学と欠陥学の研究所や、共産主義教育大学や、高等師範学校で心理学を教え始めました。しかし最も重要なのは、レフ・セミョーノヴィチと最も親しい二人の弟子たち—ア・エヌ・レオンチェフ、ア・エル・ルリヤと出会い、親しくなり、意見を共にしたことです。その結果、ヴィゴツキーが文化・歴史学派と名づけた心理学派が生まれました。でもそれについては、次の第三章で述べることにしましょう。一九二五年の夏にヴィゴツキーは、学術出張でイギリス、ドイツ、フランス、オランダに出かけました。特に彼は、七月にロンドンで開催された国際聾唖教育大会にすばらしい報告「ロシアにおける聾唖児の社会教育の諸原則」を携えて登場しました。帰国してから、彼は再び軽度結核（最終的に彼の命を奪うことになるこの病気の発病は、一九二〇年のことです）の激しい悪化にみまわれ、十一月から数か月入院するはめになったのです。彼の入院した病院の状況は最悪で、健康状態も非常に悪く、ヴィゴツキーが病院から出した手紙には、いつも死が近いという思いが示されています。

しかしながらレフ・セミョーノヴィチは、入院中、時間を無駄にしませんでした。強制隔離のこの間に、彼は大部な書物—「心理学的危機の歴史的意味」—を執筆しました。彼の弟子たちやその他の心理学者たちの多くは、この手稿を読みましたが、この書物はヴィゴツキーの存命中も、また彼の死後何一〇年たっても出版されませんでした。出版されたのは、やっと一九八二年になってからで、その時にこの書物の完全な原文が、ヴィゴツキー著作集第一巻に掲載されたのです。五六年間も……この書物は手稿としては一生涯を生きながらえたのです！　だが幸いにしてこの書物は、一九五六年以後、学会で常に話題にされ、学術雑誌で書かれてきました。

だがそれは当然のことなのです。というのは、この書物でレフ・セミョーノヴィチ・ヴィゴツキーは、ヨーロッパとソヴェトの心理学史と、彼の時代の心理学の動向を深く究明しただけではないからです。彼は何一〇年も先の、およそまる一世紀先の心理学発展の道筋を描き、マルクス主義心理学の基礎を据えたのです！　今しばしば語られているように、ヴィゴツキーは「心理学的危機の歴史的意味」において、ソヴェト心理学が実行に取り組んでいる―さらに長期間、取り組むことになるであろう―研究計画を定式化したのです……。

その書物がヴィゴツキー著作集の第一巻なのです。

……著者は、学問上の思想の歴史的流れについておもしろおかしく語っています。つまり、「関係するあらゆる現象の領域についてのありきたりの理解を再構築する」何らかの学問上の発見が生じると、次には第二段階―「今までの思想が捉える素材よりも、もっと幅の広い素材へと向かう思想の拡大」―が生じ、思想それ自体が、これまでよりも抽象的な定式を獲得する。それに続いて第三段階が現われる。この段階での思想は、すでに抽象的に定式化された原理（説明原理）の形で存在し、「生存闘争」に参加する。なぜならば、その思想は、通常「一貫した学問分野を支配できた」からである。次の第四段階になると、説明原理としての思想は、基本概念から切り離され、なんらかの哲学的な体系へと組み込まれ、一貫した世界観となる。

しかしその後、「この発見は牛に似せて自らを膨らましていった蛙のように世界観にまで膨れ上がる。つまり貴族階級のこの俗物は、極めて危険な五番目の発展段階に突入する。つまりこの段階は、シャボン玉のように壊れやすい。いずれにせよこの発見は、闘争と否定の段階に達し、今やあらゆる面とぶつかる」。またこの段階は、純然たる「認識的事実」を「社会生活の事実」へと変え、思想は社会的出自を見出し、社会的利害に仕える。

この段階での思想は、「俗物的な出身、すなわち真なる出身を示す。思想は、それが由来した分野に限定され、思想の発展自体がおしとどめられる。部分的発見としての思想を認めるが、世界観としての思想を否定する」。「この思想は学問を変革する思想であることを止める。つまりこの思想は、退職し、役所から年金を貰っている将軍のようなものである」（一巻、三〇三―三〇五ページ）。

この書物が書かれた時に、次のような四つの考えが示されました。すなわち、精神分析学（フロイト）、反射学（イ・ペ・パヴロフ、ヴェ・エム・ベヒテレフ）、ゲシュタルト心理学（ウェルトハイマー、ケーラー、コフカ）、それと著名な心理学者シュテルンによって示されたいわゆる「人格主義」の考えです。

「心理学は、生と死の問題について一般的な説明原理を見出すことを自覚した。だから心理学は、当てにならなくともどんな考えにも飛びつくのである」（一巻、三〇九ページ）。部分的な諸原理が、一般的な原理の場所を満たすのです。

さらに続けてヴィゴツキーは、代数と算数のように、心理学の部分的な原理と関連づけられた一般原理を作り上げる必要性について、長々と納得のいくように述べています。つまり心理学のこの一般原理の基礎には、統一的な方法論的基盤がなければならないのです。では現実はどうでしょうか。様々な理論体系から借用した考えの折衷、機械的な統合なのです。「……ある理論体系から尻尾を取り、別の理論体系から頭を取り、さらに別の理論体系から胴体が中間に押し込まれる。それらは不正確とか、とてつもない法外な組み合わせとかいうよりも、最後の一〇進法の記号まで正しい。だがそれらが答えようとする問題の設定が間違っているのだ。パラグアイの人口を地球から太陽までの距離数に掛け、その結果を象の平均寿命で割り、非のうちどころなく、少しも間違えずに全ての計算をすることはできる。とはいえ得られた数は、この国の国民所得を知りたいと思う人を誤解させるであろう」（一巻、三二六ページ）。「異質な問題と異質な答えの一体化」、「異質な理論体系の断片の自己の理論体系への機械的な転換」が生じる。だが、「他人のスカーフを借りる者は、他人の匂いまでも借りる、と東洋の格言で言われている」（一巻、三二九ページ）。私たちは他人の考えを借用して、「その体系すなわち著者の哲学的本質のよく匂う部分」をも取り込んでしまうのです。

困ったことに心理学を生物学や社会学に「帰着させた」人々はたくさんいるが、固有な方法論の立場から心理学を考えた人々は少なかったと、ヴィゴツキーは述べています。ではいったい、何を主たる固有な心理学的問題というのでしょうか。「固有な心理学的問題は、……我々の直接経験が限られているということと関係がある……。我々は、世界の小さな部分を見ているにすぎない。我々の感覚は、我々にとって重要な抜粋され抽出された世界をもたらす……。意識は、あたかも車の跳ね上がりのように、でこぼこのある性質に応じて生じる。精神は、全般的な動きのさなかに、現実の安定点を選びだす。精神とはヘルクレスの言う急流の中の安全な島である。」（一巻、三四七ページ）。（ヴィゴツキーは、ギリシャの唯物論哲学者ヘルクレスの「万物は流転する」、つまり、二度同じ川に流れ込むことはありえない、という有名な考えを念頭に置いています）。

つまり心理学者は、研究する心理現象を意識せざるをえないが、それを「共体験」してはならないのです。だがそのためには、入念に仕上げられた心理学「言語」が必要であり、専門用語を再検討しなければなりません。というのは、「事実を伝える言葉は、それと共に事実の哲学やそのシステムを伝える」（一巻、三五八ページ）からです。これはもはや「うわべ」の問題といったようなことではないのです。なぜならば「革命は、政治や学問における古臭い名称を周囲の物からいつも剥ぎ取る」ではありませんか（一巻、三五九ページ）。

要するに綿密な分析によって、「学問では、最高の原理から言葉の選択にわたる知識の何らかの原則的統一が明らかにされる。ではいったい何があらゆる学問体系にこの統一を保証するのか。それは、原則的な方法論的骨組みである。研究者は、技術者、記録係、行政官でないのであるから（以下においてヴィゴツキーは、「今の学問において非常に盛んになっている準医師養成主義」について明瞭に語っています。すなわち、研究の技術的側面と学問的思考の遊離についてです。—著者による)、いつも思索家であり、研究や記述の時には、現象について考え、言葉を用いて自分の思考方法を示すのである。」(一巻、三六五ページ)。

心理学を含む学問は、既成の命題で構成される生気のない、完成した、不活発な総体ではない。それは、「証明された事実、法則、仮説、構成、結論の生き生きとした、常に発展し、前進するシステムとして、また、たえず補充され、批判され、検証され、部分的に否定され、新しく解釈され、再組織される等のシステムとして、我々の前に現われる。学問は、動きの面から、成長、発達、進化の運動として弁証法的に理解され始める。」(一巻、三六九—三七〇ページ)。

私はこれらの言葉を原稿に書き写していた時に、最近読んでインスピレーションを受けたヴェ・イ・ヴェルナツキーの書物「惑星現象のような学問的思想」のいくつかの語句が、ヴィゴツキーの考えとほぼ文字どおり一致するのを思い出しました。何とヴェルナツキーは次のように書いています。「学問は、人間社会における人間思考の総体的な運動現象である。」

一般に現実に存在する学問構成の根底には、理性によって意識的に決定される論理的に堅固な知識体系があるわけではない。その体系は、絶えざる変化、修正、矛盾に満ち、生命のごとく非常に活発であり、その内容は複雑である。それは変動する不安定平衡である。

「……運動が、学問的思想の特徴的特質である。[1]」

1 ヴェルナツキー、ヴェ・イ、「自然科学者の哲学思想」、モスクワ、一九八八年、五三—五四ページ。

非常に興味を引くのは、いずれも書物も―ヴィゴツキーが一九二〇年代半ばに書いた「心理学的危機の歴史的意味」と、ヴェルナツキーが一九三〇年代に書いた「惑星現象のような学問的思想」が当時未出版で手稿のままであったことです。それらの書物は、一九八〇年代になってやっと「表に出たのです」。私は、ヴェルナツキーとヴィゴツキーとの間に、個人的な接触があったかどうかについては何も分かりません。といっても、彼らがパリで一九二五年に知り合いになり得た（ヴェルナツキーは、一九二二年から二六年初めにかけて、ソルボンヌ大学で地球化学の講義をしました。ちなみに、彼によって人智圏の考えが始めて全世界に鳴り響き、ルロワやテイヤール・ド・シャルダンに受け継がれたのです）という仮説を立てても良いのではないでしょうか。ヴェルナツキーはヴィゴツキーについて、またヴィゴツキーもヴェルナツキーについて何も語っていませんが、注意深く読んでみますと、他にも興味深い類似点に気づきます。例えば、ヴェルナツキーによる経験科学と「科学の論理」、「事物概念」と「思想概念」の違い、についての推論です。といっても、当時いわゆるこれと似たようないくつかの考えが飛びかかっていたのですが。

ヴィゴツキーに立ち戻ってみましょう。彼の意見によれば、心理学は危機の状況に置かれているのです。一般に受け入れられるような学問体系がなく、すべての基本的な概念やカテゴリーが様々に解釈されているのです。心理学を新たに作り上げなければならないのですが、「それをする前に、土台を据えなければならない」（一巻、三七三ページ）。だがさらにその前に、「散らかし放題の部屋」を片付け、そこにあるものを批判的に評価しなければなりません。すなわち、今のところ統一性のある一貫した学問としての心理学のないことを自覚しなければならないのです。互いに排除し合うそれぞれ異なる多くの心理学があるのです。

一般的に言って、それらはさほど多くありません。注意深く分析してみると、実際には「二つの心理学―自然科学的・唯物論的心理学と、唯心論的心理学―がある」ことに気づきます（すなわち、「精神的」・主観的・思弁的で、結局は観念論的な心理学です。―著者）。これは、「相互に和解しがたい二つの異なる学問様式であり、根本的に異なる二つの知識体系の構造物である。残りの全ては、見解、学派、仮説において多様で特殊であり、非常に複雑で、もつれ合い、交じり合い、見分けがつかず、混沌とした化合物で、時には識別することさえ非常に難しい。だが実際に生じる闘争は二つの流派間にすぎず、それらの流派は、あらゆる闘争の流れの背景に潜み、働いている。」（一巻、三八一ページ）。

二つの要因が心理学の危機の発展を決定するのです。これが心理学の実践と方法論です。ところで、まず実践しようとするちょうどその時に、不思議なことに明確な方法論が必要となるのです！

したがってここで、ヴィゴツキーの書物での一番重要な点、つまり唯物論的なマルクス主義心理学とは何なのか、その心理学はどうあるべきか、の分析が始まるのです。

だが最初からそうであるはずがありません。つまり、哲学思想を心理学的な諸問題と単純に結びつけたり、「様々な個所から抜粋した引用によるこじつけの知識」に甘んじてはならないのです（一巻、三九七ページ）。そんなやり方は的はずれなのです。必要とする個所を探しても無駄なのです。なぜならば、マルクス・レーニン主義の創始者たちにも、また偉大なマルクス主義の思想家、例えばゲ・ヴェ・プレハーノフのような人物にも、心理学の完成した方法論はないのです。また、必要とすることを求めても無駄なのです。「なぜならば、研究に着手するためには原理の方法論的な体系が必要とされる。だが長年にわたる集団的な諸研究が、学問的にあいまいな最終点に置かれたままなのに、本質的な答えを求めている。すでに答えがあるならば、マルクス主義心理学を作り上げる必要はない……。我々にとって必要なのは、研究に役立つ公式である。我々は役立つ公式を探求し、それを証明しなければならない。」（一巻、三九八ページ）。また必要とするまでもないのです。「なぜならば、思考が権威的な原理に縛り付けられているからである。また我々は方法ではなくドグマを学び、二つの公式を論理的に当てはめる方法から解放されていない。また問題への批判的で、自由な研究アプローチを受入れていない。」（一巻、三九八ページ）。

手稿の出版社は、ヴィゴツキーのこれらの発言にびっくりしました。解説ではいつも次の点が強調されています。つまり、これこそが論争を呼び起こす重要点であり、これらの思想は、弁証法的な唯物論哲学に含まれる当時の心理学的考えの習得水準を反映していて、ヴィゴツキーは認識論と心理学を混同している……というものでした。忘れてならないことは、ヴィゴツキー選集のこの巻が出版されたのは、いわゆる停滞の時期――一九八二年――

でしたが、選集の出版作業は一九七〇年代末にすでに始まっていたことです。とはいえ実際にヴィゴツキーは正しかったのです！　マルクス、エンゲルス、レーニンには、多くの基本的な哲学思想が、とりわけ唯物論的心理学の構築に当たって基本的に重要である認識論が見られます。彼らから科学的認識の道具として弁証法的な方法やその他の多くの方法を学ぶことができます。だが、彼らに具体的な学問的問題への最終的な答えを求めてはなりません。マルクス・レーニン主義の創始者たちは、考え方を教えたのであって、考えを教えたのではありません。

ヴィゴツキーは、それと同じことを、わずかですがはっきりと次のように書いています。「私は、心理と言われるようなことを一連の引用で纏め上げ、ただ乗りしようとは思わない。私はマルクスの全ての方法に基づいて、学問の組み立て方や心理研究のアプローチの仕方を学びたい。」（一巻、四二一ページ）。

ところで、彼よりも遅れて非常に似通った考えを持った二〇世紀の偉大な言語学者が現われました。その人物はエヴゲーニー・ドミートリエヴィチ・ポリヴァーノフです。ポリヴァーノフは、一九二九年二月四日に共産主義アカデミーで、「マルクス主義言語学の諸問題と、ヤペテ言語論」という報告をしました。これは「ポリヴァーノフ」討論の幕開けでした。その結果として、彼は糾弾され、解職され、モスクワから中央アジアに行くことを強いられました。そこで彼は逮捕され、銃殺され、人生を終えたのです。ポリヴァーノフはこんな風に言っています（未出版の速記録からの引用です）。「あなたたちが、マルクス主義の任意の命題や、弁証法的唯物論の任意の命題を事実から導き出して下さいというならば、これがマルクス主義的な言語学であると言いましょう……。だが私たちが、言語発達は社会生活の変化と無関係ではないという真実を語るだけだったら、そんなことは言語学者でなくても言えるのです。そうならないためにマルクス主義の古典を良く読みなさい」。

私は、速記録のもう一箇所を引用せざるをえません。「……スターリンでさえ（！著者）非常に正しい考えを持っている。とはいえスターリンは専門用語を知らず、「言語」という言葉を二つの意味で使っている……。だがそれは彼にとって無理もない」。何とこれは、一九二九年という時代に公然と言われたのです！　スターリンは、こんな発言を許しませんでした。

でもさらに先に進みましょう。

ヴィゴツキーは、例えば、机の鏡映像と意識を比較しようとしています。机の映像は実在していると言えるのでしょうか。そう言えるのです。だがそれは、机そのものとは違う実在なのです。「映像としての机の反映としての、鏡にある第二の机としての反映は幻影である。だが鏡面での光線の屈折である机の映像は、はたして机のように物質的、実在的な対象ではないと言えるのであろうか。……幻影は、事物間の見かけ上の関係である。したがって、鏡の幻影についてはいかなる科学もありえない。だがこれは、我々が映像や幻影を全く説明できないことを意味しない。我々が事物と光の反射法則を知れば、何時でも幻影を説明し、予測し、意のままにそれを呼び起こしたり、変えたりすることができる」(一巻、四一六ページ)。心理学でも同じことです！。

これは、極めて難解な思想をすぐに非常に分かりやすくしてくれる天才的な文学・大衆啓蒙的なヴィゴツキーの手法でした。心理学が研究しなければならないのは、映像や幻影ではなく、見かけ上の映像としての幻影が順次に生じる二つの観客的な過程の相互作用の研究です。

机とその映像との同一視は、観念論と言えるでしょう。だが机の映像と光の屈折とを同一視するのは、それにおとらず観念論と言えるでしょう。つまり机も実在し、光の屈折も実在するのです。しかし映像は、それらの相互作用である見かけ上の非実在的な結果なのです！　最後に、鏡は鏡の外の事物と同じく自然の一部であることを思い出しましょう……。

……確かにヴィゴツキーは正しかったのです。「……心理学ほど難しく、解決しがたい論争点を持ち、様々なことが一体となった学問は一つとしてない。心理学の対象は、世界中で一番研究されていない最も難しいものである。それを認識する手段は、期待にこたえるために、特別な方策と用心で満たされていなければならない。」(一巻、四一六ページ)。

私たちの自然科学的、唯物論的、マルクス主義的な心理学を、一体どのように呼んだらよいのでしょうか。マルクス主義心理学と呼べるのでしょうか。そう呼べないとヴィゴツキーは述べています。他国の人々が、わが国の心理学がマルクス主義的であると言うなら、そう言わせておけば良いのです。確かにそのマルクス主義心理学は、まだ存在しません。それは「所与のもの」ではなく、歴史的課題なのです。

私たちは「次のように問題を設定しなければならない。すなわち、我々の学問は、どの程度マルクス主義的なものになるのか、また我々の学問は、どうしたら真に科学的なものになるのか、ということである。つまり我々は、我々の学問を真の学問に変えるために研究するのであって、その学問をマルクス理論と一致させるために研究するのではない。……マルクス主義心理学は、学派の中の学派ではなく、科学として唯一の真なる心理学である。これ以外の他の心理学は、おそらくそうではないであろう。また逆に、過去や現在の心理学で真に科学的なもの全てが、マルクス主義心理学に取り入れられる。つまり学派や流派の概念よりも広い概念である。その概念は、心理学がどこで誰によって仕上げられようとも、おおむね科学的な心理学の概念と一致する。」（一巻、四三四―四三五ページ）。

つまり、「科学的な心理学」という用語を用いているブロンスキーは正しいのです。ヴィゴツキーは、私たちもその名称を採用するしかないと述べています。そうでなければ単に心理学という名称の採用です。

私たちの課題は、「心理学のあらゆる科学的な成果を用いて、心理学をなんらかの新しい原理に基づく一つの統一体に纏め上げることである。……我々の言うこのような心理学はいまだ存在せず、どんな学派にも見られない。……我々の学問はその栄誉を担って、その学問が形作られる黎明期の新しい社会に参加する。我々の学問は、古い社会では発展し得なかったし、また発展しないであろう。個人や個人そのものの真実を把握するためには、人類が社会や社会そのものの真実を把握しなければ不可能である。逆に新しい社会では、我々の学問は生活の中心を占めるのである。……

将来の社会において心理学は、実際に、新しい人間についての科学となるであろう。そうでなくてはマルクス主義と科学史の展望は満たされないであろう。とはいえ新しい人間についてのこの科学は、それでもやはり心理学であろう。我々は今、その糸口を手中にしている。……」(一巻、四三六ページ)。

この章の最終ページを閉じるに当たって、広壮な展望をよく考えてみましょう。といってもそれは概略図にすぎませんが、熟達した専門家とマルクス・レーニン主義の感動的な理念によって描かれた将来の心理学の設計図なのです。この心理学は、現実世界における人間活動や、新しい社会における新しい人間についての科学とならなければなりません。それは、その対象から幻影や「見かけ」を排除した真なる唯物論的な学問とならなければならないのです。

# 第三章　心理学をどのように築いたのか

## （文化・歴史理論）

……私がこれまでにすばらしいと思うことは、まだ多くの輪郭が不明瞭なこの状況の下で、やっと道を見つけた人々が、この道を歩み始めたことである。

エリ・エス・ヴィゴツキー

彼らは、師と共に行なった共同研究の最初の数か月については、それぞれさまざまに回顧しました。父、アレクセイ・ニコラエヴィチ・レオンチェフが私に語ったところによれば、ヴィゴツキーがその「文化・歴史」概念の最初の構想を描いたのは、一九二四年の暮れか二五年早々に行なわれた二人の対話であったということです。彼はたまたまあった紙切れに、鉛筆でさらさらとその構想の要点を書き上げました。この紙切れは、長い間ヴィゴツキーの手紙や彼のいくつかの手稿と共に、レオンチェフの私的な資料コレクションに保存されていました。だが今はありません。それは、おそらく戦時中に、他の多くの収集資料と共に、紛失してしまったのかもしれません。誰かにしまいこまれ、後に不必要となってレオンチェフの雑然とした資料コレクションの山に放り込まれて残った資料は、当時七歳の少年であった私を含むレオンチェフ家の家族によって、文字どおり紙切れごとに選別されました。しかし父がこの紙切れを私に見せてくれたのは、すでに戦後の五〇年代初め頃であったような気がします。おそらく将来、私はその紙切れを見つけるでしょう。だがまだ見つかっていません（父は亡くなる二年前に、「見つけなければならない！」と私に言いました）。

ルリヤは、もっと遅い時期を回想しました。それは、ルリヤとレオンチェフが、「今後の研究計画を立てるために」ヴィゴツキーの家で週に一・二度、定期的に会っていた頃の話です。ところでルリヤは、「住まい」についていい加減に述べています。つまり、私がすでに述べた心理学研究所の地階の部屋であったとか、その後でボリシャヤ・セルプホフスカヤ通り一七番地にあった共同アパートの部屋であったとか言っています。この共同アパートの部屋には、ヴィゴツキー本人と、モスクワに転居する直前の一九二四年に結婚した妻、ローザ・ノエーヴナ・ヴィゴツカヤ（旧姓、スメホーワ）と二人の娘が住んでいました。その二人の娘は一九二五年生まれの長女、ギタ・リヴォーヴナ・ヴィゴツカヤと一九三〇生まれのアーシャです（二人のうち姉のギタは、本書の下ごしらえに極めて多大な援助をしてくれました）。

ヴィゴツキーが心理学研究所に登場したとき、すでにルリヤとレオンチェフの「二人組」が作られていました。レオンチェフはルリヤの助手のような役割をしていました。ルリヤはその当時若かったにもかかわらず、かなり著名な学者でした。でもレオンチェフの評価によれば、彼はあまりにも一度にあれもこれも手をつけ、時折、さまざまなアプローチの折衷的な化合物、つまりレオンチェフがそれを面白半分に名付けた「ごった煮」、にしてしまったとのことです。当のアレクセイ・ニコラエヴィッチ（レオンチェフ）自身は、研究所に「白紙」でやってきてヴィゴツキーと出会い、そのことが自分自身の道を決めることとなり、「空白」を埋めるきっかけになったと、後になって率直に認めています。ヴィゴツキーの着任によって役割分担がすぐに一変し、彼はあっという間に指導者となりました。だがレオンチェフは、初めからルリヤの助手のままでした。ヴィゴツキーはすぐに何人かの共同研究者を作りました。その中には、レオニード・ヴラジミロヴィチ・ザンコフ、イワン・ミハイロヴィチ・ソロヴィヨフ、レオニード・ソロモノヴィチ・サハロフ、ボリス・エフィーモヴィチ・ヴァルシャワがいました。そしてサハロフもヴァルシャワも間もなく―サハロフは一九二八年の夏、ヴァルシャワは一九二七年の六月―亡くなりました。ザンコフとソロヴィヨフは、ヴィゴツキーの死後まで存命しました。

……ヴィゴツキーについての神話の一つは、レオンチェフとルリヤが彼の遺産を「独占した」とか、本当の「ヴィゴツキー学派」は、はるかに広かったとかいうものです。ヴィゴツキーの手紙は、ザンコフとソロヴィヨフが彼と非常に親しかったことを物語る根拠を与えるように思えるかもしれません。ヴィゴツキーは一九二六年二月一五日付で、病院からサハロフ宛に次のような手紙を書いています。「とにかく私たちは研究所で、他の人々よりもお互いに親しくなりました。それはエリ・ヴェ（ザンコフ―訳者）とイ・エム（ソロヴィヨフ―訳者）のことです」。この三人―ヴィゴツキー、ザンコフ、ソロヴィヨフ―は、一九二八年にモスクワ郊外の別荘で一緒に過ごす計画を立てていました（六月一七日付、サハロフ宛のヴィゴツキーの手紙）。一九三四年には、まさにザンコフがヴィゴツキーの葬儀を取り仕切りました。それはそうとしても、一九二九年四月一五日付の「五人組、クジマ・プルートコフ」（クジマ・プルートコフは、当時の作家グループのニックネーム―訳者）宛ての冗談めいたもう一通の手紙があります。その五人組とは、リジヤ・イリーニチナ・ボジョヴィチ、ローザ・エヴゲーニェヴナ・レヴィーナ、ナターリヤ・グリゴリエヴナ・モロゾーワ、リーヤ・ソロモーノヴナ・スラヴィーナ、そしてこの五人組の指導者、アレクサンドル・ヴラジーミロヴィチ・ザポロージェツのことです。ところがその手紙には次のように書かれています。「その当時、最初にア・エル（ルリヤ―著者）がこの道に取り掛かり、そしてア・エヌ（レオンチェフ―著者）がこれに続いて始めた時、私は大きな満足感を味わいました。今、すでに切り開かれた足跡によって、私だけでも、また私たち三人だけでもなく、五人もの人々に大きな道が見えてきたことは、喜びであると共に驚きでもあります」[1]。すぐにお分かりのように、ここにはザンコフもソロヴィヨフの名前も挙げられていません。だけど当然のことなのです。ヴィゴツキーは一九二九年七月二三日付のレオンチェフ宛の手紙の中で、その二人の「文化心理学からの離脱」については、はっきりと述べています。といっても彼ら二人は、一度もこの立場を堅持したことはなかったのです。

しかし私たちの主人公の話に戻りましょう。レヴィチンは、ア・エル・ルリヤの言葉から、ヴィゴツキーの基本的な考えをこんなふうに特徴づけています。彼の周りには、初めにルリヤとレオンチェフが、後に「クジマ・プルートコフ」が結集しました。「内的な心理過程を理解するためには、有機体の範囲を越えて、社会的諸関係という点から有機体と環境の説明を求めなければならない。彼は好んで次のことを繰り返した。つまり、個人の内部に高次の心理過程の起源を求めようとする者は、鏡に映った自分の映像を、鏡面の後ろ側に見出そうとするサルと同じ過ちに陥っている。脳や心の内部ではなく、記号、言語、道具、社会的諸関係の中に、心理学者の好奇心をそそる秘密の謎が隠されている」[2]。ヴィゴツキーはこの理論を、「道具的」、「文化的」、「歴史的」と呼びました。後になってヴィ

1　エリ・エス・ヴィゴツキーの生誕九〇年に向けて、モスクワ国立大学紀要「心理学」シリーズ、一九八六、四号、六一ページ。

2　レヴィチン・カ、「つかの間の模様」、モスクワ、一九七八年、四〇ページ。

ゴツキーは、「内化」という極めて重要な考えを作り上げました。この用語を逐語訳しますと、「内心化」とでも言うような意味ですが、ヴィゴツキー自身は「回転化」という言い方を好みました。心理発達の重要なメカニズムとして、外的行為が心内的な知的行為に転換すると考えているのです。

ずっと後になって、レフ・セミョーノヴィチの仲間で、弟子の一人であったダニール・ボリーソヴィチ・エリコニンは、次のようなメモを記しています（それを見つけ私に知らせてくれたのは、彼の息子で心理学者のベ・デ・エリコニンです）。

「備忘。エリ・エスが存命していたならば、しばしばコーヒーを飲んだことのある喫茶店『ノルト』で、私は彼に次のような質問をしたでしょう。『ところであなたは、ご自分の内化理論によって、これまでのいわゆる古典心理学で見られる真理と意識についての理解を否定しようとお考えなのですか。あなたは、〈精神〉やあらゆる精神活動の一次性や賦与性を否定し、人間が未熟で未発達で生まれるにせよ、精神がすでに人間にあることや、その担い手が脳であることを否定なさるのでしょうか。またそれとは逆に、人間の〈精神〉、人間の意識（心理）が、人々の共同活動、とりわけ労働活動を組織する手段である記号やそれらの意味の様式の心理間的（相互心理的―著者）現象として、私たちの外に客観的に存在するとお考えなのでしょうか。また人々のこの相互的な影響の結果としてのみ、自らの活動の組織化に向けられた記号や意味の様式としての心内的（内心的―著者）現象が生じるとお考えなのでしょうか。精神は最初から人間には賦与されていなく、外的な、まったく物質的な様式としてもたらされるのですね！』

しかし私は当時まだ若く、今思うと、面前のエリ・エスの解決したあまりにも壮大な課題を理解していなかったのです」。

ところでルリヤも彼自身の告白によると、ヴィゴツキーの奥深い考えを理解するのに何年もかかったのです。

「すぐに、文字どおり翌日に、新しい心理学の構築が決まった。当時、取り掛かった者たちはわずかだった。三人が……『心理学の基本的な内容の検討』に従事した。つまり、どのようにして知覚にアプローチできるのか。どんなやり方で記憶、注意、意志を研究できるのか、などといったことである」[3]。非常に興味をそそられるのは、彼らがこの新しい心理学の基礎を……作り上げたことです！

文化・歴史理論の出版物は、一九二八年に現れました。その最初は、雑誌「児童学」（一九二八年、第一号）に掲載された論文、「子どもの文化的発達の問題」でした。今私の前にある抜き刷りには、次のような上書きがあります。「歴史的な証明書として、著者から親愛なるアレクセイ・ニコラエヴィチ・レオンチェフへ」。このことから、レフ・セミョーノヴィチ自身が、この出版物を最初の、それゆえに「歴史的」なものとみなしていた、と論理的に結論づけられます。

この論文では次のように述べられています。

子どもの行動発達では、二つの路線を区別しなければならない。一方は自然的な「成熟」

3　同書、四一ページ。

であり、他方は文化的な向上であり、文化的な行動手段と思考手段の獲得である。ここに高学年生徒がいるとしよう。彼は低学年生徒よりも多くのことを正しく記憶できる。だがその理由は何なのか。おそらく記銘過程の「器質的な基礎が発達した」り、質的変化、つまり記号を用いた記銘への移行のせいであるかもしれない。現実に二つの発達路線は、切っても切れない関係にある。つまり年長児はたくさん記銘するだけでなく、年少児と違った記銘の仕方をする。

それはさておき、「次のように仮定できる十分な根拠がある。つまり文化的発達とは、さまざまな心理操作を実現する手段として、記号の利用や使用に基づく行動手段の取得である。また文化的発達とは、まさに人類が歴史的発展の過程で作り上げた補助的な行動手段、つまり言語、文字、計算システム、などの獲得である」(五九ページ)。

そのさい「文化的発達は、子どもの自然的な行動発達能力を無視して、新しい発達といわれるものを作り出さない。文化は一般に、生まれつき持っているものを無視して、何ら新しい発達を作り出さないが、人間の目的に応じて自然を変化させる」(六一ページ)。

行動手段、方法の構造(たとえば、記銘の方法)が変わる。そのさい、「さまざまな記号システムに基づく記銘は、その構造の点で違ってくるであろう。……何らかの行動過程に、その実行の助けとなる記号の参加は、道具の参加が労働操作のあらゆる構造を作り変えるように、心理操作のあらゆる構造を作り変える」(六四ページ)。

「……個人の行動は、その個人の属する社会全体の行動の関数であるという命題が、何らかの分野において十分な意味を持つとしたら、それは子どもの文化発達という分野である」（六八ページ）。

読者には、引用が多くなったことをお許し下さい。だがヴィゴツキーの伝記作者は、いつも苦境に陥ります。つまり、ヴィゴツキー自身は自分の考えを練りに練り、とことんまで厳密なものにし、時には文体的に完成した定式で示しているので、伝記作者が彼の考えを自分の言葉で述べるのは愚かなことです！　それに加えて、この定式の大部分は、事実上、今日手に入らない書物や雑誌や論文集の中に埋もれているのです……。

ヴィゴツキーは、子どもの外的な活動が内的活動に移行し、外的手段があたかも内的手段に転換するかのように述べています。これこれがまさに、有名な内化理論の最初の素描です。

どのようにして子どもの文化発達を研究するのでしょうか。そのためにヴィゴツキーは、条件づきで「道具的」と呼べる特別な方法が必要である、と述べています。彼は実験計画において、「二重刺激」法に依拠しています。つまり一方の刺激は対象刺激で、他方は支えの役割を果たす刺激手段です。

そしてこんなことが明らかにされています。「子どもは自己（自己の行動）の獲得において、外的な自然の獲得、すなわち外部からの獲得と同じ道を一般的に歩む。人間は、自然、外部の力の一つとして、つまり記号という特別な文化的な技術を用いて、自己を獲得する」（七六ページ）。

ヴィゴツキーは、歴史主義の原則（記述された方法は、本質的に歴史・発生論的なものだからです）がまったく偶然ではないと考え、この原則を「すべての方法の出発点」、つまり「おそらく行動は行動史としてしか考えられないであろう」と考察したペ・ペ・ブロンスキーの言葉を借りて述べています。

この論文には興味深い重要な要素がたくさん見られます。たとえば、その一つは外的と言われるものです。ヴィゴツキーの六巻からなる選集にこの論文が掲載されていませんが、驚きとしか言いようがありません!! 私はもう一つの要素を「用語史的」なものと呼びましょう。ヴィゴツキーが「活動」という用語を、どの程度厳密に用いたのか、また彼は「行動」と言う用語の代わりに、活動という用語をいつから用い始めたのか、という点については議論のあるところです。この論文は完璧な答えを与えています。そこでは「行動」という用語は、自然的行動と文化的行動が同時に話題とされる時に用いられています。だがヴィゴツキーは、文化的行動だけを考慮とするときには、「活動」という用語を用いているのです。

ヴィゴツキーのメモ帳は残っていて、部分的に出版されています。それによってヴィゴツキーによる理論の思索過程をかなり跡付けることができます。これらのメモはすべて一九二七年のものです。そこでそれらのいくつかのメモの意味を考えてみましょう。

……労働と知性とには完全な共通点がある。「知的労働」という表現は、意外に正しい。

……外的な口頭計算から思考的な口頭計算への移行は、記銘の力動と類似している。

……意志の発達についても同じである。朝起きたくない。そこで「一、二、三」と号令をかけて起きた。

こんなわけで、すでに三つの研究方向が見られます。つまり、記憶、数学（計算）の習得、意志過程の発達です。ヴィゴツキーはまた別の箇所で、注意についても述べています。また最後に、一般化の手段、つまり思考研究について触れ、さらに情動の制御についても語っています。

弟子たちは、この構想の個々の「断片」を受け取りました。記憶と注意はレオンチェフが、情動はルリヤが、思考はサハロフが手にしました。ヴァルシャワは何も手に入れることができず、死の直前まで「心理学辞典」の仕事をしました。それはヴィゴツキーとの共著で、一九三一年に出版されました。レオンチェフは結局「算数」も手に入れたのですが、その研究は手稿のままでした。

実際に深く研究されたのは、ただ一つのテーマ、つまり記憶だけでした。ア・エヌ・レオンチェフは一九二八年までそれについて研究し、三年後に大部の書物、「記憶発達」を著し、当時の学術改善中央委員会・学術優秀賞を授与されました。ヴィゴツキーはその書物に序文を寄せています。

すべて順調のように思われました。だがそれにもかかわらず……。

まず始まったことは、ヴィゴツキー、ルリヤ、レオンチェフが（当時、五人組、つまり「クジマ・プルートコフ」のメンバーたちは、大学―第二モスクワ大学、今日のヴェ・イ・

レーニン記念・モスクワ教育大学―を卒業後、ちりぢりばらばらになってしまいました。手紙から判断しますと、ヴィゴツキーはそのことをひどく気に病んでいました）心理学研究所で何もすることができなくなったことです。というのは、そこの研究員たちの多くが「プロレタリア心理学」といったテーマに集中していたからです。所長のコルニーロフは、管理を委ねられた研究所内で生じている心理学改革について、何一つ理解せず、おそらく彼の研究員たちの書いたものを読みもしなかったようです。「ルリヤは、コルニーロフが次のように語ったといささか皮肉を込めて回想している。『さて、君は「歴史」心理学を考えているのですね。何のために私たちはさまざまな未開人を研究する必要があるのでしょうか。あるいは「道具的」心理学を。そうです。すべての心理学が道具的です。私だって力量計を使いますからね』。心理学研究所の所長は、問題がまったく心理学者たちの用いる道具ではなく、人間そのものが自分の行動を組織するために用いる手段としての道具であることさえ理解していなかった……[4]」。

批判的な発言も始まりました。そのような論文の一つは、心理学研究所の所員、エム・ペ・フェオファーノフのものです。その題名、「心理学における一つの折衷論について」は、当時を特徴づけるものです。実は、この論文が出されたとき、その表題に誤りが紛れ込んでいたのです。つまり「折衷的《エクレクティーチェスキー》」という代わりに「電気的《エレクトリーチェスキー》」と印刷され、そのためにフェオファーノフは長いこと嘲笑の的となったのです。しかしそれは先触れに過ぎませんでした。その後、ア・ア・タランキン、ペ・イ・ラズムイスロフ、その他の論文が現

4 同書、四一ページ。

れ、そのすべての決着をつけたのが、一九三七年のイェ・イ・ルドネェーワによる小冊子、「ヴィゴツキーの児童学的偏向について」でした。といっても児童学の話は特別です。

この意味でレオンチェフの書物に二つの序文があるのは非常に特徴的です。なぜ二つもあるのでしょうか。まず初めにヴィゴツキーは考えていたことを序文として書き、その序文を付してその書物が印刷に回されました。この書物がすでに刷り上がったときに、その序文は方法論の点で「疑われ」、出版されないことがはっきりしました。唯一の解決策が提案されました。つまり、すでに出来上がっていた書物に、さらにもう一つ序文を入れ、自らの誤りを「自己批判」し、有罪とすることです。こんなわけでこの書物の別刷りとして、ヴィゴツキーとレオンチェフの署名入りの十一ページからなる小冊子が挿入されたのです。そこには、文字どおり次のように書かれています。著者は「基本的な方法論の道から逸脱」してしまっていると言う。一方では「観念論的な性質の要素を客観的に含んでいたり」、他方では「機械論的な性質の要素を客観的に含んでいたり」する。だから「観念論的な記憶理論との戦いにおいて、この書物で示されている新しい概念には、十分な一貫性が示されていなかった」（読者は原文の続きを容易に推測できるでしょう。つまりヴィゴツキーは学問の慣例として「暴露的」な文体を持ち込み始めた人々を、ここでパロディー化したと思われます）。学問におけるフサイン殉難哀悼祭のような自発的な自己への鞭打ちは、すでにそれほど稀な現象ではありませんでした。私の書斎には、ほぼその頃に出版された「民俗学講義」があります。その著者は、著名なソヴェトの民俗学者で文化史学者であったペ・エフ・プレオブラジェンスキーです。彼も似たような、だがもっと激しい「自己批判」を示し、この序文の付された書物をそもそも出版すべきではなかったと素直に認めています……。

レオンチェフとプレオブラジェンスキーは、まだ被害が軽かったほうです。例えば、イエ・デ・ポリヴァーノフの著書は、印刷所から没収され、すでに仕上がっていた活字の組版は破棄されました。またポリヴァーノフの考えに賛同したいくつかの論文は、もっとひどい、例えば「ソヴェトの教授面した富農の狼」という表題がつけられたりしました。

読者は、ヴィゴツキーと彼の弟子、レオンチェフが、粗野で門外漢な人々の圧力に屈し、自らの学問的信条と、このような見え透いたあからさまな妥協をなし得た⁉　ことを知って、驚くことでしょう。

しかしながら、レオンチェフの書物がヴィゴツキーとその学派全体にとって、どんな意味を持っていたのか考えてみてください。それは、「文化・歴史学派」の考えが、膨大で具体的な心理学的、実験的資料に基づいて一貫して提起された最初の、また本質的に唯一の著作であったのです。それが出版されなかったとしたら、表面化した以上に損失ははるかに大きかったことでしょう。それに内々の話ですが、当時の賢明な人々の誰もが、このような自己への鞭打ちを本気で考えていなかったし、これらの自己への鞭打ちを公にすることを命じた人も例外ではなかったのです。まさにこれは典型的な「無責任主義」であって、しかるべき「指導者」が、考えを「異にする」書物の出版責任を突然求めてきた場合の担保であったのです。

こんなわけで、ヴィゴツキーとレオンチェフが、学問的倫理に違反したかのように考えなくてもよいのです。また一般に学問的倫理とは、何か極めて些細なことを理由にして腹を立てたり、この難点への攻撃が自分の学問への攻撃と考え、個々の難点を死にものぐるいで擁護することでもありません。妥協―これは容認できることであって、私に言わせれば日常的なことなのです。問題となるのは次のような場合だけです。つまり、当時でも、またその後の時代でも多くの人々が示したように、著者（また学問）にとって真に忠実であることを口実にして妥協しなかったり、何らかの道徳的満足や、それどころか物質的満足のために、自分の信念を手放そうとしなかったりする場合です。なかには、高い地位を得ようとしたり、それを維持しようとする人がいます。とはいえ、三〇年代半ばから四〇年代末にかけての大量弾圧の状況下で、恐怖心を抱いていた人々には、人道的に理解できます。「ある程度の地位」についていた人々は、心からの「何かお役に立つことがありますか」という言葉を一般的に決して確信を持って言ったわけではありません。もちろん学問の真の代表者たちは、このような人々を、決して学者と思わなかったし、思ってもいません。学問には、それなりの「ハンブルグ式計算」があります。この表現は、ちょうどその当時、批評家、ヴィークトル・ボリーソヴィチ・シュクロフスキーによって用いられました。彼は次のように主張しました。サーカスのプロのレスラーたちは、当然のことながら、さらに高額な報酬を得ようとして闘技場でしばしば模擬試合や勝敗を争います。だが年に一度、決まった場所、ビールの都市、ハンブルグに集まり、プロとしての資格を失わないために、また実際に最も強い者を知るために、彼らだけで本式に戦うとのことです。このような「ハンブルグ式計算」は学問においても見られます。彼によれば、アカデミックな研究所の所長は平の博士と、次官は試験所の指導者と、さらにアカデミーの副総裁は講座主任との競り合いに、しばしば負けるとのことです。

すでに一度、学者の倫理について話をし始めたので、それを続けましょう。私はこの倫理のすべてが、次の五つの基本的な主張から成り立つと考えます。

一　仕事への態度、つまり、自分の専門職、学問への態度から始めましょう。自分の専門職への誇りと、自尊心を持たなければなりません。このことは何を意味するのでしょうか。学問それ自体と異質な何らかの考え（名誉欲、物的欲望）を学問に取り込んではならないのです（といっても、研究者の平均賃金は、有資格の組立工よりも低く、かつて高かった研究職の権威は、今では組立工の職業水準にまで落ち込みました）。また自分の見解を軽々しく変えてはなりません（私は一生のうちに二度、三度と、船団で言われるような「急旋回」をした著名な学者たちの名前を、一、二名にとどまらず挙げることができます）。しかし、自分の見解を最終審における真実のようにみなしてはならず、特に「自分」の研究の不正確さや、明らかな誤りを指摘するささいな試みを、「自分」に対する個人攻撃として受け取ってはなりません。時代遅れであったり、正しくないと思われる見解の拒否を恐れてはなりません。そもそも存在とは、常に発展の状態にあるのです。

二　第二は社会に対する態度です。私は常々、学問一筋で生きていると信じている人々に疑念を抱いています。そこには何か異常さがあります。学問は人類の社会経験の一部であり、実際的な生産力であり、イデオロギーの重要な要素です。また社会と関係がないと思っている学者は、学者ではありません。学者は、他の人々、社会、人類に対する公民としての責任を、人間として、また学者として常に感じていなければなりません。イェ・デ・ポリヴァーノフについては、すでに第二章で触れましたが、彼が一九二九年の冬に行なったマルクス主義言語学についての報告を思い起こしてください。なんとすばらしい公民としての勇気でしょう！　彼は早くから、演壇に登場するかなり前から非難されてきたのです。司会をしたアカデミー会員、ヴェ・エム・フリーチェは、討論会の開催に当たって単刀直入に「私たちは、あらかじめ考えておいた演説者名簿を持っている」と伝えました。そこには三〇名以上の名前が挙げられていて、その中にはポリヴァーノフのかつての弟子たちも含まれていました。講演者の彼を支持したのは、古参のスラヴ言語学者、ゲ・ア・イリインスキー一人だけでした。ポリヴァーノフは、自分の仕事があらかじめ負けであることを知っていましたが、それでも演壇に上がり、言わねばならないと思ったことをすべて述べました。心理学研究所でも一九四八年一〇月に討論会が催され、ア・エヌ・レオンチェフの書物「心理発達概説」が検討されました。重要な決定打を与えたのは、活動の概念そのものを非常に厳しく批判したエス・エリ・ルビンシュテインでした。他の何人かの発言者は、レオンチェフを観念主義者であると直接に非難しました。緊迫した雰囲気でした。このような背景の下で、リジヤ・イリーニチナ・ボジョヴィチが登場し、その書物と、そこで述べられている考えを擁護しようとして、明確に、重々しく、原則を堅持しながら発言したのです。

全ソ連邦共産党（ボルシェヴィキ）中央委員会による児童学の政令の後では、かつてヴィゴツキーの仲間であった人々を含む一群の迎合主義者たちが、その「児童学的偏向」の摘発に襲いかかり、レオンチェフ、ルリヤ、ザポロージェツなどが沈黙したのですが、沈黙することですら筋を通すことであったのかもしれません。しかしそのことについては、次章で詳しく述べることにいたします。

**三**　第三は先覚者に対する態度です。私たちは彼について回想したばかりです。この態度のもう一つの側面は、先覚者の学問遺産についての配慮です。今はこの点では良い時代です。これまでさまざまな理由から存命中に出版されなかったり、そそくさと忘れ去られてしまったソヴェト心理学者たちの著作が、年々刊行されたり再版されたりしています。例えばヴィゴツキーや、その弟子たち、レオンチェフ、ルリヤ、ザポロージェツ、エス・エリ・ルビンシュテイン、ヴェ・ゲ・アナーニエフ、その他多くの人々の著作です。だがまだどれだけ多くの手稿が埃にまみれていることでしょう！　その中にはヴィゴツキーの手稿も含まれます。

**四**　第四は仕事仲間に対する態度です。学者は他の学者に対し我慢ならなかったり、他の学者の見解を完全に否定したりすることがあるでしょう。だがそれでも討論では礼儀正しくしなければならず、相手にさまざまなレッテルを貼ったり、中傷したり、そもそもわずかなりとも相手の人格をけなす権利を持っていないのです。たとえ「仕事仲間」が裏切ったり、二枚舌を使ったり、卑劣なことをしたり、ずけずけ言ったときでも、真の学者は決して同じ手段を用いて彼と争うことをしないし、彼の言葉に乗せられたりしません。あけすけに言わなければならないことは別問題です。しかしその場合でも「だれそれは卑劣漢だ」というよりも、「だれそれは卑劣なまねをした」と言ったほうがふさわしいのです。

**五**　最後は、弟子に対する態度です。弟子を学者や人間として尊重し、本人の意見や主張の権利を尊重しなければなりません。あなたが直接関与しない弟子の論文に自分の名前を付し、論文を盗作するのは恥ずべきことです。弟子が困っているときに助けるのは立派なことであり、学者にとってまったく当然のことです。

そもそも手紙には人間の人格が特にはっきりと示されますが、ヴィゴツキーの一連の手紙を読んでみますと、非常に魅力的な彼の人間像が浮かび上がってきます。彼にとって学者倫理のそれらの公理のすべては、一種の modus vivendi　つまり、生き方であったのです。

ヴィゴツキーより少し前に亡くなった同僚の妻、グレーチャ・イサコーヴナ・サハロワ宛の彼の手紙があります。それは心のこもった親しげな手紙で、面会の依頼です（「あなたにお目にかかりたい」）。

「クジマ・プルートコフ」、つまり若き心理学者たちの門出を祝した次のような手紙もあります。「現代心理学研究の巨大感と圧倒感は、学問（殊に人間についての学問）で新しい道をめざす数少ない人々の立場を、限りなく責任のある、またきわめて容易でない悲劇的（痛ましいという言葉の意味ではなく、最上という現在の意味からいって）なものにしています。あなた方は解決する前に何千回も自分で試み、確かめ、試練に耐えなければなりません。だからそれは非常に困難な道であり、またすべての人に必要とされる道なのです。……とにかくあなたがた全員の道が決まったのです。……私はどんな状況においても個人的な親交と心からの友情をあなた方に持ち続けます」。

一九二九年七月十一日付の弟子、レオンチェフ宛の手紙があります。当時二六歳のレオンチェフは五つの論文や評論の著者で、一般的に駆け出しの学者に過ぎませんでした。この手紙はこんな書き出しで始まっています。「親愛なるアレクセイ・ニコラエヴィチ君。たとえ君が断固として私の謝意を拒むにせよ、私は君の手紙に心から感謝ぜずにはいられません。その手紙は、レストランと私のところでの会話と同様に、今の私の生きがいや、関心事や、取り組みや、また興奮などを呼び起こしてくれました。その手紙は秋の方針を示してくれています……」。またこの手紙には次のように書かれています。「……できる限りの構成上の緻密さと一貫性。これは研究の担保であり、心の純粋さでありますが、それは suprema lex（最高の法則—著者）であり、個人的な態度の純粋さなのです（それは秘められた悔しさとか、不満とか、また不履行とかいうものではまったくありません）。……」

同じくレオンチェフに宛てた一九二九年七月二三日付の手紙には次のように書かれてい

ます。「……私は考えが最大限に純粋で厳密でなければならない（倫理的な面でも）という思いを、十分にうまく言い表せないほど高く評価しています。これは混同や「慣れ」に対する私たちの基本課題です。……要するに、きわめて厳しい修道院のような思想の生活規範なのです。また必要とするなら思想の隠遁生活なのです。他人にも同じことを求めます。文化心理学に従事する理由を説明することは、冗談を言うことでも、片手間にすることでも、他の仕事と並行して行なうことでもなく、新人たちそれぞれの勝手な憶測を作り出すことでもありません……」。

一九三〇年七月にヴィゴツキーはエヌ・ゲ・モロゾワから絶望的で劇的な手紙を受け取りました。そこで彼は、彼女を励まし自信を持たせようとして、まったくの論文といえる返事（七月二九日付）を書いています。

まる一日してから、さらに一通の絶望的な手紙が早くもア・エヌ・レオンチェフから届きます。レオンチェフは自分の書物が、「大山鳴動してネズミ一匹」のように思え、その書物が気に入りません。そして翌日ヴィゴツキーの返事が届きました。その返事は、きわめて力強い精神的な励ましと、その書物を高く評価するものでした。「限りなく大きな意味（ただし記憶の真相を考えると！）と比較して、あなたの書物はネズミ一匹ですが、そこにはその意味の基本的な部分、つまり核が含まれています。だからその書物は山ですよ」。

一九三〇年の夏、弟子たちはヴィゴツキーを静かにさせておきませんでした。さらに二週間して、またモロゾワから手紙が届きました。また彼の返事（八月一九日付）です。「私たちすべては（私は自分に言っているのですが、いつどこでも）まったくあなたと一緒ですよ」。

一九三一年六月に、今度も同じような暗い手紙がローザ・エヴゲーニェヴナ・レヴィーナから届き、またもやヴィゴツキーは賢明な慰めの言葉と、人生の束の間と不変性について哲学的な考察（六月一六日付）……を書いています。

また次に挙げるのは、ウズベキスタンの調査についてルリヤから届いた報告書に対するヴィゴツキーの返事（一九三一年、六月二〇日付）です。「私は手紙をすっかり読みました。これは注目に値する手紙です」。さらに一か月して、それに対するルリヤの次の報告が届き、再びヴィゴツキーはこう書き送って（七月十一日付）います。「最近私にとって、これほど輝かしく、嬉しい日はありません。これは一連の心理学的な問題の鍵を解く文字どおりの手がかりです。……私は感謝と、喜びと、誇りでいっぱいです」。こんな手紙を受け取って、さぞかしルリヤは奮い立って調査に従事したことでしょう！　けれどもルリヤの回想によると、ルリヤがウズベクの老人たちに、他の被験者たちと同じく、あたかも錯視が見られないようなことを発見し（もちろんこれは、実験の誤りであったのですが）、ヴィゴツキーに「ウズベク人には錯視が見られない」と小躍りして電報を打ったとき、すぐに彼からしかるべき叱責を受けた……とのことです。

一九三三年になると、ヴィゴツキーと弟子たちはますます研究を妨げられるようになります。委員といわれる者が派遣されてきました。それがルリヤの調査の研究員の一人であったエフ・エヌ・シェミャーキンでした。ヴィゴツキーはルリヤに次のように書いています。「彼は保身のために、スパイと同じような役割を果たしたのです。彼の言葉によれば、君の報告（調査のまとめ―著者）に対して挑戦的な報告をしたのですね。それはあまりにも唐突でしたが、本質からすれば十分予想できることです。君がこのような人々についての幻想から、早く解放されればされるほど、それにこしたことはありません。君が報告を終えた今、シェミャーキンと仕事仲間の発言を人道的観点から比較するのは、まったくいまわしいことです！　これらの小心な理髪師、事務員、会計係、また心理学者や研究者でない誰もが、私たちの考えから遠ければ遠いほど、それに越したことはありません」（一九三三年、三月二九日付）。

最後に最も興味を引く手紙は、一九三三年八月二日付のア・エヌ・レオンチェフ宛のものです。これは、レオンチェフがハリコフからヴィゴツキー宛に送った手紙に対する返事です。レオンチェフはその手紙の中で、ヴィゴツキーとの若干の意見の不一致について触れ、自分なりの理論展開を意図しています（このことについてはさらに第九章で述べます）。もちろんヴィゴツキーは、レオンチェフや、もっと若い弟子たちのハリコフへの旅立ちや、ヴィゴツキーが自分の学派の思想展開の基本方針と考えていたことからの弟子たちの「離脱」を、かなり気に病んでいました。しかしこの手紙は次のように終わっています。なんてすばらしい手紙でしょう。

「君が二年間、内面的に成長への道（仕上げの道）を歩み続けてきたことを知り、そうに違いないと思っています。一大事の時にもっとも親密な人の幸せを願うように、私はあなたが自分の人生の方針を決める前に、気力と勇気、また冷静さを持つことを願っています。肝心なことは、自由に決めなさい、ということです……」。

一九二六年から二九年にかけてのヴィゴツキーの周囲の状況に目を向けて見ましょう。私たちは心理学研究所が彼や弟子たちにとって、ひどくよそよそしくなったことに気づきます。ヴィゴツキーと弟子たちは、さまざまな機関に散り散りになりました。そのような施設は次のようなものです。ヴィゴツキー自身が参加する少し前に設けられた、いわゆる実験・欠陥学研究所（それについては以下で述べます）、第二モスクワ国立大学・児童学学部、しかし主要な機関は共産主義教育大学（そこでルリヤは心理学講座の主任となり、基礎的な実験室を三つ、後には五つ立ち上げました）です。ヴィゴツキー自身は、実験・欠陥学研究所と、研究部門の主任をしたゲ・イ・ロスソリーモ病院で基本的な研究をしました。しかし彼はさらに一〇にものぼる機関で講義をしました（あれこれと兼務し、いくつかの講座を指導したのです。）。

……モスクワ、一九二九年……。私の書斎には、ガイドブック、「モスクワ案内図」が奇跡的に残っています。それを開いて、その頃のモスクワとこの国の生活について少し触れてみましょう。

ネップ（新経済政策）の終わりの頃です。私企業の商取引額は、モスクワの商取引額の六％余りでしたが、その数はまだおよそ六千もありました。モスクワには、国営、協同組

かつての第二モスクワ大学教育学部。ここでヴィゴツキーは20年代、講義をした。現在は、ヴェ・イ・レーニン記念モスクワ国立教育大学（モスクワ、マーラヤ・ピロゴフスカヤ通り1番地）

合、民間のトラストやシンジケートによる企業や株式会社がたくさんあったのです。私企業として「イスクーストヴェンナヤ・オフチンカ」、「パルチャ・ウトヴァーリ」があり、外国企業として「ガンメル（文房用具と事務用品）」（今日誰もが知っているアーノルド・ハマーによるものです）がありました。外国代表部としては、ラトヴィア、リトアニア、エストニア、それに……トゥヴァが載っています。協会名簿には、国防および航空・化学建設協賛会、自動車普及・道路改良協会、アルコール中毒撲滅協会（すでに当時からあったのです！）、エスペラント連盟、元政治流刑者・流刑入植者協会、無神論者協会、さらには火葬思想の発展・普及協会さえ見られます。私がこれらのページをめくったのは、当時ヴィゴツキーが講義や報告をしたり、会議に出席したりして出入りしていた一連の国立施設や社会団体を見つけるためです。

私たちがよく知っているロシア社会科学研究所協会・実験心理学研究所（マホーヴァヤ通り、九番地）があります。教育科学研究所、この施設はマーラヤ・ピロゴフスカヤ通りにある第二モスクワ国立大学内に設けられていました。そこは革命前にいくつかの高等女子専門学校があった場所です。今ではヴェ・イ・レーニン記念・モスクワ国立教育大学となっています。共産主義教育大学は、第二モスクワ国立大学とまったく同じ並びの、言うならば隣接建物で、住所はボリシャーヤ・トルベツカヤ通り、一六番地です。今そこはホリズノフ通りとなり、その建物には軍事最高検察庁が入っています。第二医科大学は、ボリシャーヤ・ピロゴフスカヤ通りにあります。第二モスクワ国立大学の教育学部と、第一モスクワ国立大学の理数学部と社会学部は、いうまでもなくマホーヴァヤ通り、十一番地にあり、ジリャルディーによって建てられたいわゆるモスクワ国立大学の旧建物です。カール・リープクネヒト記念・産業教育大学は、スパルタコフスカヤ通り、二番地にあります。音楽大学の教育学部は、ゲルツェン通りにあります。共産主義教育大学と第二モスクワ国立大学の高等教育学課程。児童学研究所、欠陥学研究所、また児童・青少年健康保護研究所。チーストイ・プルード通りにあるロシア共和国・人民教育委員部の国家学術協議会。共産主義アカデミー（ヴォルホンカ通り、一四番地）内に置かれた精神神経学者・唯物論者協会。雑誌、「心理学」と「小児医学」の編集局。

補足しますとヴィゴツキーは、しばらくの間（一九三一年から）フルンゼ地区の労働者・農民・赤軍協議会の代議員を勤め、それを彼は非常に誇りにしていました。また彼は、全ソ社会主義建設促進・研究者・技術者協会の一員でした。

これらでの無数の講義、相談活動、会議や大会が、どれだけレフ・セミョーノヴィチの時間と労力を奪ったのか考えてみますと胸が痛みます。しかしそれをしなかったら、また無数の学習参考書や論文その他を書かなかったならば、彼は家族をまったく養えなかったのかもしれません。また彼は、人々や、人々との交流を必要としていたようです。私と父、ア・エヌ・レオンチェフとの対談で述べられているように、ヴィゴツキーの周りには「仲間たちが集まり」、大勢の人々が彼と親しくなろうとし、実際にかつてなかったような無数の「弟子たち」が輩出しました。例えば、後に教授となったナターリヤ・アレクサンドロヴナ・メンチンスカヤは、残りの全人生を教育心理学のあらゆる基本問題についてヴィゴツキー学派との激しい論争に費やしています。

ところで人々がこんなにもレフ・セミョーノヴィチに心引かれたのはまったく当然のことなのです。数年後にヴィゴツキーが、ア・イ・ゲルツェン記念レニングラード教育大学で行なった講義について、デ・ベ・エリコニンは次のように述べています。「私が感動し、生涯忘れられない一番重要なことは、レフ・セミョーノヴィチの講義で考えることを教えられたことです。これらの講義は、大学三年生だけを対象にしていたにもかかわらず、いつも教育学者や心理学者のすべてが集まりました。……表面的な気取りは一切なく、またほとんど余計な身振りもありませんでした。だがそれでいて情緒的に非常に表現力に富み、また意味内容が極めて豊かで、最初から最後まで正確で流暢な話し振りは、すべての聴衆をとりこにしたのです。だから彼の講義では、話をしたり、メモをやり取りしたり、ひそひそ話をしたり、あるいは気をそらしてしまうような人は、一人もいなかったのです。私たちは、彼の講義を聴いただけでなく、考えました。私は一連の講義を聴き、回を追うごとに彼の講義が変化し、新しい考えで満たされていくのが分かりました」[5]。

……私たちは、文化・歴史心理学の諸原理について述べているヴィゴツキーの最初の出版物を分析しました。一九三〇年に出版された彼の最後の書物について触れてみましょう。その書物は、レフ・セミョーノヴィチとア・エル・ルリヤによって執筆された「行動史についての試論。サル・未開人・子ども」です（ヴィゴツキーは手紙の中で、その書物を簡単に「サル」と呼んでいます）。最後であるわけは、この時期までにヴィゴツキーの出版した研究の主要な部分が、これまでの彼自身と彼の学派の見解の発展段階を反映しているからです。私はその発展段階を第六章で述べることにいたします。ヴィゴツキーの手紙から判断すると、彼はルリヤの執筆した章が気に入らず、フロイト主義の余りにも大きな影響、ピアジェの結論の絶対化、また道具と記号の混同を指摘しています。しかしヴィゴツキー自身の執筆した章も、率直に言って彼の書いたものの中でそれほどよい出来とは言え

5 「心理学の諸問題」、一九六七、No.3、一八一ページ。

ません。

一九三〇年に書かれた書物、「子どもの発達における道具と記号」は、それよりかなりすぐれていましたが、一九八四年になって、初めて出版されました！　しかしそれについてはしかるべき所で話すことにいたします。

私が締めくくりとして、ヴィゴツキーが記憶の講義を演示から……つまり彼自身の稀な記憶術から始めたことを話さなければ、この章は未完のままとなるでしょう！「彼は聴衆に数百にも上る単語を言ってもらい、それらを黒板に書きました。それから黒板を背にして、いろんな順序（前から後に、後から前に、途中から）でこの語列を再生して見せたのです。もちろん聴衆は、このような並外れた記憶力にびっくりしました」[6]。どうして彼はそんなことができたのでしょうか。ヴィゴツキーに生まれつきそのような特別な記憶力があったわけではありません。彼は彼なりの記憶術を補助的手段として用いたのです。それは次のようなやり方でした。彼は古代から現在にわたる世界の偉大な作家たちのリストを（年代順に）作り、それをしっかりと記憶していたのです。そして後に、さまざまな単語を次々と言ってもらった時に、彼はそれらの単語を相応する作家と結びつけ、こうしてこの対をやすやすと再生したのです。

さあ、彼の試みを再現してみてください！

6　プズィレイ・ア・ア「エリ・エス・ヴィゴツキーの文化・歴史理論と現代心理学」、モスクワ、一九八六、七七ページ。

# 第四章　支援のための理解（欠陥学と児童学）

心理学的に、身体の障害が社会的な脱臼を意味するとしたならば、教育学的に言って、このような子どもを教育するということは、脱臼したり病気であったりする器官をもとの状態に戻すのと同じように、彼をもとの生活に戻すことを意味する。

エリ・エス・ヴイゴツキー

文字どおりこれらの論文の各行には、厳しく自信に満ちた口調が見られるが、何かわざとらしく、ためらいがちな点が稀に感じられる。私はそのことと切り離せないといつも思ってきたのだが、これらの論文の著者たちは、言いたいことを、語っていないように思える。彼らの激しい怒りは、まさにそのことによって生じるのである。

エム・ブルガーコフ

わが国で「欠陥児」という表現が用いられなくなって、すでにかなりの年月が経ちましたが、欠陥学という学問の名称だけはそのまま残っています。

それは何をする学問なのでしょうか。

「教育学辞典」（ところでこの辞典は、一九六〇年から改訂されてこなかったのですが、今やまったく新しく書き直されなければなりません！）によれば、欠陥学とは、身体的、心理的な障害を持つ子どもたちの発達、教育、コミュニケーションの法則性についての学問です。この学問は、次に挙げるような構成分野に分けられます。「ろう教育学」―ろうや難聴の子どもたちの教授と教育についての学問、「盲教育学」―盲や弱視児を研究する学問、「精神薄弱教育学《オリゴフレーノペタゴギカ》」―知的遅滞児についての学問、最後に、「言語治療学」―言語障害の矯正を目的とする学問です。

また欠陥学と緊密に関連している学問として「児童病理心理学」があり、それは児童期に現われる精神医学的な異常、例えば小児精神分裂病を研究する学問です。

本書に欠陥学の章を含めなければならない理由は、レフ・セミョーノヴィチ・ヴィゴツキーが欠陥学のために多くのことを行なっただけでなく、欠陥学を一変させ、ひっくり返したからです。

一九二四年にモスクワにやってきて何か月もたたない頃から、すでにヴィゴツキーは、心理学研究所の仕事と、教育人民委員部での欠陥児・知的遅滞児教育課の主任としての仕事を兼務しました。彼は一九二五年から二六年にかけて、パゴージン通り八番地にあったロシア共和国教育人民委員部の医学・教育学研究施設内に異常児心理学の実験室を設けました。一九二九年にはこの実験室を基にして、教育人民委員部の実験・欠陥学研究所が設けられ、まもなくヴィゴツキーはその研究指導員となりました（所長は、イ・イ・ダニュシェフスキーでした）。この研究所は現存しています。しかもほとんど同じ名称で、今ではソ連邦教育科学アカデミー・欠陥学研究所と呼ばれています（本書の出版後、当研究所は、国立治療・教育研究所と改称し、現在に至っています―訳者）。

私はヴィゴツキーの初期の著作を挙げるさい、あえて彼の欠陥学についての著作に触れませんでした。しかし当時それらの著作は、本来の心理学の著作よりも多かったと思われます。一九二四年から二五年にかけて刊行されたものだけを挙げてみましょう。次のような論文や報告があります。「欠陥児の心理学と教育学」、「身体欠陥児の教育原理」、「補助学校について」、「ろう唖児の社会的教育の原理」です。

しかし例えば一九二八年を取り上げますと、この年に刊行されたり執筆されたりした著作三〇編のうち、欠陥学の問題を扱ったものは一七編で、半分以上もあるのです。欠陥学者たちがヴィゴツキーを「自分たちの人」と見なしているのも驚くに当たりません。それに彼自身も、自分をとりわけ欠陥学者と見なしていました。教育人民委員部で勤務するに当たり、個人調書に記入するのですが、「どのような部門で働くのが、最も向いていると思うか」という質問項目に、彼は「盲ろう唖児教育部門」であると答えています。

ではいったいヴィゴツキーは欠陥学のためにどんなことをしたのでしょうか。

ヴィゴツキー以前の欠陥学者たちの注目点は、器質的（生物学的）欠陥―盲、ろう―そのものにありました。つまりヴィゴツキーは、ここで重要なのは欠陥それ自体ではなく、この欠陥が子どもによる文化や人類の社会的経験の獲物を妨げるということに注目したのです。「なぜなら文化は、正常で一般的な人間に適合しているではないか」（五巻、二三ページ）。だから器質的な欠陥は、子どもによる文化の習得を不可能にしたり極めて難しくしてしまうのですが、それにもかかわらずこのような習得を基にしてのみ、人間の高次な心理機能や意識や人格が形成されるのです。「それゆえに目や耳の障害は、とりわけ深刻な社会的機能の脱落、社会的結びつきの変質、あらゆる行動システムの混乱を意味する」（五巻、六三ページ）。

ところでそうだとするならば、子どもの活動を社会の中で積極的に発達させなければなりません。私たちがそのために、文化の外的手段（読み、書き、計算）を用いるのか、あるいは「心理機能（随意的注意、論理的記憶、抽象的思考、概念形成、自由意志の形成、など）それ自体の内的改善の方向で」行なうかは別問題です。この内的手段のためには、「文化的行動の外的手段の発達で見られるような回り道の技術が作り出されなければならない」（五巻、一七三ページ）のです。

「悪いのは水薬や錠剤ばかりを投与し、普通の食事を与えずに病気の子どもを放って置くような医者である」が、たいていの欠陥学者たちもまさにそのように振舞っているのではありませんか！　もちろん、盲児やろう児などには、それなりの「教育技術」や、それなりの手段や指導法があります。だが最も重要なのは、このことではないのです。「……盲としてではなく、何よりも子どもとして教育しなければならない。盲児やろう児の教育は、盲やろうを教えることとなり、子供の欠陥性の教育学を、欠陥教育学に変えることとなる」（五巻、七一ページ）。盲やろうであっても同じ人間であり、「教育の原理や心理学的メカニズムは、正常児の場合とまったく同じである」（五巻、一〇四ページ）。盲児、ろう児、知的遅滞児教育の基本的内容は、彼らをコミュニケーションや集団活動、とりわけ労働活動に参加させることなのです。

この考えは単純で、あたり前のように思われますが、実際には欠陥学の革命だったのです。未成年者の社会的権利保護に関する第二回大会（一九二四年、十一月）で、ヴィゴツキーがその考えを述べたとき、多くの古参の欠陥学者たちはこの考えをそのように受け取りました。デ・イ・アズブーキンの回想を引用してみましょう。

「一九二四年の会議から戻ってきた欠陥学者たちは、前回の会議から戻ってきた時と違っていた。彼らはまったく別人のようによみがえってこの大会から戻ってきた。ここで重要だったのは、エリ・エス・ヴィゴツキーの報告だった。その時初めて多くの欠陥学者たちは彼を知った。レフ・セミョーノヴィチの報告は、文字どおり青天の霹靂で予期せぬものであり、すべての欠陥学者たちを一変させた。エリ・エス・ヴィゴツキーの報告は、初めはかなりいぶかしげに受けとられ、大多数の人々は周囲をうかがい、時折肩をすくめて憤慨し、当惑を隠さなかった。まるで嵐のようなつらい結末を待つかのようであった。しかしレフ・セミョーノヴィチの奥深い確信、魅力的な声、真なる教養と博識が随所に示されていた。すべての人々は、自分たちの前にいる人物が、無責任で血の気の多い若者ではなく、欠陥学の指導者に値する偉大な知性の持ち主であることを次第に理解し始めた。憤慨したり、周囲をうかがったり、肩をすくめていた人々は、次第に少なくなっていった。突如として欠陥学にやってきた新人で、まだよく知られていなかったにもかかわらず、どことなく特別で将来を期待できるこの人物に、次第にすべての人々が、とりわけ鋭い注意を向け、注目し、まだ半信半疑とはいえ、すでにかすかな尊敬心を感じ、聴き入ったのである。この会議は、古いソヴェト欠陥学と新しいソヴェト欠陥学との間に敷かれた輝かしい路線となった。……」（テ・エム・リーファノワの学位論文からの引用）。

興味を引くのは教育人民委員部が、まさにヴィゴツキーの指導の下で、農村クラブ（農村図書室。一九二〇―三〇年代のソヴェトにおける文化普及活動の一環―訳者）向けに、最初の啓発的なパンフレットや新聞を発行したことです。例えばそのようなものとして「子どもの耳を大切にしよう」、「ろう唖児や難聴児について何をすべきか」、「知的遅滞と、その防止法」等、その他多数あります。

実際に欠陥学研究所はすでに六〇年にもわたって、ヴィゴツキーの構想に沿って研究しているのです！　彼の考えは、エル・エム・ボスキス、テ・ア・ヴラソワ、エリ・ヴェ・ザンコフ、エル・イェ・レヴィーナ、エヌ・ゲ・モロゾワ、エム・エス・ペヴズネル、イ・エム・ソロヴィヨフ、ジェ・イ・シフ、その他多くの人々によって発展しました。これらの考えを簡潔に示せば、次のように言えるでしょう。つまり、子どもの持っていない点ではなく、子どもの持っている点に、また十分に価値のある人間に育てるに当って基づきうる点に、注目しなければならないということです。

彼は専門職としての医学教育を受けなかった（亡くなる直前にヴィゴツキーは、ハリコフ医科大学に通信教育で入学し、ハリコフに短期間滞在し試験を受け、三年課程を終了しました）のですが、回想録から判断すると、病児との交流の実践において自分の考えを具体的に示すことができました。ヴィゴツキーの子どもたちの調べ方について、エリ・ヴェ・ザンコフは次のように述べています。「それは異常児としてではなく、普通の人間として扱う心のこもった本当に人間的な対話であった。……レフ・セミョーノヴィチにとって異常児は、単に学問的な分析対象ではなかった。私たちはレフ・セミョーノヴィチが、子どもを支援するために子どもを理解しようとしていたことを、いつもはっきりと見てきた。またこの真に人間的な異常児への態度は、彼が学問活動を始めた当初から常に見られたのである」[1]。またテ・ア・ヴラソワは、「相談に訪れた子どもや親に対するレフ・セミョーノヴィチの態度は、感動的なほど忍耐強かった」[2]と回想しています。

ア・エヌ・レオンチェフは、医者としてのヴィゴツキーの興味深い過去について、私に話をしてくれました。といっても、その話の内容はロスソリーモ病院でのことで、患者はまったく子どもではありませんでした。次のような病気です。それはパーキンソン症侯群（パーキンソン病）で、普通には高齢者に見られる病気です。その外見的症状は、手、足、

1 「心理学の諸問題」、一九六七、№3、一八〇ページ。
2 同書、一八四ページ。

ときには身体全体が絶えず震えることです。さてヴィゴツキーたちが重症のパーキンソン病患者のベッドにやってきたときのことです。なるほどこの患者は立つことができたのですが、一歩も歩けませんでした。どんなにその患者が一生懸命に努力しても、震え（医者はそれを「トレモール」と呼んでいます）はますますひどくなるばかりです。その時ヴィゴツキーはそよく言われるようにふと思いつきました。彼はテーブルから一枚の白紙を取り、それを細かくちぎってその患者の前の床に並べ、一種の道を作ったのです。すると患者は、その紙切れに沿って足を踏み出し、突然歩き出しました！

もう皆さんはこれまでの章から、行動を媒介する外的な「刺激・手段」についてのヴィゴツキーの考えがお分かりのことと思います。だから、実際に彼は、「ふと思いついた」のではないことに十分気がつくでしょう。彼は理論的な一般原則を具体的な場面に応用したのにすぎないのです。ところで、障害のある心理機能を回復させるこの方法論は、後にア・エル・ルリヤとその弟子たちが、失語症—話し言葉や、その理解の障害—患者を研究する基礎となりました。

一般的に言ってヴィゴツキーは、神経症や精神病、特に精神分裂病について、少なからず研究をしました。私は、本書で彼の活動のあらゆる面について述べることは全く不可能です。だから取捨選択をしなければなりません。

だがヴィゴツキーを夢中にさせ、いやそうとばかりとも言えないある問題に触れなければなりません。彼はこの分野で何冊かの書物を残していて[3]、私は全く黙っているわけにはいかない

3　彼の著作を参照。「学齢期の児童学」、モスクワ、一九三一年。

いきません。なぜならばヴィゴツキーのこれらの仕事は、死後彼の思想の運命に悲劇的な役割を果たしたからです。その話とはいわゆる「児童学」のことです。

ヴィゴツキー自身は、この用語を「心理学辞典」で、次のように説明しています。「児童学─子どもについての科学である。……通常それは、子どもの発達についての科学であり、身体的、心理的なすべての発達を含むものとして理解されている」[4]。一見して何も特異なことではないでしょう。それにもかかわらず……。

……ヴィゴツキーの死後二年経ってからのことです。一九三六年七月初めに新聞「プラウダ」を広げた彼の弟子たちは、その第一面に「教育人民委員部の系統における児童学的偏向について」という威嚇的な見出しで始まる七月四日付全ソヴェト共産党（ボルシェヴィキ）中央委員会の政令を目にしました。

それまでは党中央委員会の特別決定によって、れっきとした学問が廃止されたことはなかったのです。さらにその後に遺伝学とサイバネティックスが「閉鎖」された時も、経済学、生理学、言語学、文学において「有害」で「非科学的」な傾向が見出された時でも、特別決定という正式の手続きがとられたことはありませんでした。せいぜいスターリンの直接の指示か、あるいは言語学の場合のようにその道の「権威者」の紙上発言で十分だったのです。

この政令では、どのようなことが述べられていたのでしょうか。

児童学者たちは、次の二つの点で非難されました。その第一の理由は、彼らが、何やら

4　ヴァルシャワ・ベ・イエ、エリ・エス・ヴィゴツキー、「心理学辞典」、モスクワ、一九三一年、一二七ページ。

本来の指導方針に似た平行する系統を作りだし、「真の」教師たちを学校から追い出した、というのです。第二の理由は、「その弊害は、学校で行なわれた児童学研究の性質と方法論によって増大した。教師や授業からまったく遊離していた児童学者たちの実践は、えせ科学的な実験や、党が以前から非難してきた生徒や親たちに対する膨大な量の無意味で有害なアンケートやテストなどの調査に基本的になり下がった。多くの生徒や親に実施されたこれらの科学的かの如き「調査」は、学業不振児や、学校の日課の枠におさまらない生徒たちに対して主に行なわれた。その目的は、現代児童学の「科学的」、「生物社会学的」とかいう視点から、生徒の学業不振、あるいは生徒の行動欠陥の遺伝的、あるいは社会的な制約性を明らかにし、生徒、家庭、親族、先祖、社会環境による負の影響と病理的な歪みをできる限り見出し、まさにそうすることによって、正常な生徒集団からそのような生徒たちを排除する口実を見出すことにあった。

この目的のために、生徒たちの知的発達と才能を調査する広範な組織が活動した。それは、ブルジョワ階級の児童学からソヴェトの土壌に無批判に持ちこまれ、生徒用の正式な出版所を装い、ソヴェト学校の課題と良識に矛盾するものである。六、七歳の子どもに月並みな詭弁的な問題を課し、その結果からいわゆる「児童学的」年齢や、知的な能力段階が決められた。

このすべてから、知的遅滞児、欠陥児、「困難児」の範疇に含められる児童数がますます増大する結果がもたらされた[5]」というのです。

5　参照。「ソヴェト学齢前教育史」、選文集、モスクワ、一九八〇年、七三〜七四ページ。

さらに発言はいっそう辛らつになりました。こんなことが言われたのです。「党によって有害とされた非科学的で無知な学校死滅論」とか、「いわゆる児童学は、有害なえせ科学的な見解の宣伝や、子どもを対象にした大量で、まったくいかがわしい実験の実施をほしいままにしている」とか、児童学は「えせ科学的、反マルクス主義的な命題に基づいている」とかいうものです。その中には次のような指摘がありました。「生物学的要因と社会的要因、つまり遺伝となんらかの不変な環境の影響によって、子どもの運命が決まるという宿命論的な被制約性の「法則」が見られる。この甚だしく反動的な「法則」は、社会主義精神で人々を成功裏に再教育し、経済や人々の意識に存在する資本主義の残さいを一掃しようとするマルクス主義もや、社会主義建設のあらゆる実践とあまりにも矛盾している」[6]。

このような評価の後に次のような決定が下されました。（こんな風に書かれています！）「教育学と教育学者を完全に復権させる」、「学校での児童学派を一掃し、児童学教科書を排除する」、「教育大学と中等技術学校における特殊な科学としての児童学の授業を廃止する」、「今日の児童学者たちによってこれまでに出版されたすべての理論書を、印刷物によって酷評する」、「児童学の実践家を希望する者たちを教育者に変える」[7]。

この決定の後に始まったことは、今ではなかなか信じられません。次にあげる中心的な心理学者たち―ペ・ペ・ブロンスキー、エム・ヤ・バーソフ（すでに故人でした）、ヴィゴツキー（同じく死後でした）―のすべてが攻撃にさらされたのです。彼らの書物は使用

6　同書、七五ページ。

7　同書、七六ページ。

を差し止められ、印刷物としてあったものは消えうせたのです。ハリコフ教育大学の土壌学（児童学の別称）講座で作成された「児童学」論文集までもそば杖をくい、ずたずたにされてしまいました。いつ終わるともしれぬ集会が開かれ、非難演説をする者や、大衆の面前で自分や他人の児童学の誤りを認め、自己批判する者たちもいました。後者の中にエリ・ヴェ・ザンコフもいたのです。ア・エヌ・レオンチェフ監修によるヴィゴツキーの弟子たちの論文集はばらばらにされ、陽の目を見ることなく、その大半はゲラ刷りのままに据え置かれ、一度も刊行されなかったのです。

残念なことに、当時の人民教育委員ア・エス・ブーブノフは、まさにヴィゴツキーやブロンスキーの見解を、児童学の最も典型的なものとする以外には、なにも認めなかったのです。ブーブノフは、彼らを非マルクス主義者（！）として批判し、次のように書いています。「ブロンスキー教授とヴィゴツキー教授は、自ら引き受けた課題を前にして、まったく破綻した者の見本である。……彼らは「すでに反動的教授の哲学によって損なわれた脳を持つ」（レーニン）者たちであった」[8]。

しかし非常に大きな大砲からとはいえ、これがもはや最後の一撃でした。それより何月か前の同じ雑誌にヴェ・モロドシーとかいう人物の論文「ソヴェト的な仮面をつけた学問の敵について」が掲載されました。そこには、ヴィゴツキーの名前こそ出てきませんが、まったくはっきりと次のように書かれています。「敵はソヴェト学問の前線地域において、ますます成功裏に害を与えている。そこには、いまだ古くさい学術界の伝統が強く残り、

8　ブーブノフ・ア、「教育学と教育者の権利の完全なる復権」、マルクス主義の旗の下で、一九三六年、№10、六〇ページ。

自己批判に欠け、「大物」や派閥の礼賛、外国学者崇拝が生じている……」[9]。その同じ号に、カ・ヤ・バウマンが登場します。彼はすべての学者にテ・デ・ルイセンコの例を挙げ、ルイセンコが長期にわたる困難な学問研究の重荷に屈することなく、実践にじかに取り組み、国家に「すばらしい業績」をもたらした[10]、と述べています。またそれだけでなく同じ号に、エフ・ゲオルギエフによる報告が掲載されています。それは、夏に行なわれた雑誌『マルクス主義の旗の下で』の編集会議の報告[11]です。その会議には主だった心理学者が「招待された」のですが、その中には、当時、心理学研究所長であったコルバノフスキー、レオンチェフ、ルリヤ、ガリペリン、エリコニン、ブロンスキー、チェプロフがいました。そこでは、彼らや、すでに没していたヴィゴツキーに対してまでも、裁判まがいのことが行なわれたのです。検事となったのは哲学者でアカデミーの会員のエム・ベ・ミチン、精神医学者ア・ベ・アレクサンドロフスキー、それにゲオルギエフ自身でした。

しかしながら、ヴィゴツキーを主観的観念論、つまり意識が存在を決定し、その逆ではないという罪で告訴し、反マルクス主義者としたにもかかわらず、制裁は期待した結果をもたらさなかったのです。ルリヤやレオンチェフも、またエリコニンやガリペリンや、またチェプロフも（ちなみに彼はヴィゴツキーの弟子ではありません）、告発内容に同意せず、いわば首を縦に振らなかったのです。だがとにかくブロンスキーはブーブノフに手紙を出し、児童学についての政令を理解することも受け入れることもできないと述べています。その当時そんなことを言うのは途方もないことで、信じられないほど全く無鉄砲な大胆さ

9　「マルクス主義の旗の下で」、一九三六年、№9、一七ページ。モロドシーの論説が直接の標的にしたのは、著名な数学者エヌ・エヌ・ルージンだった。それはルージンが「学問の敵」としてぴったりだったからである。しかし、モロドシーの論説は、あらゆる専門の学者たちに「向けられた」のだった。

10　バウマン・カ、「ソヴエト学問の現状と課題」、「マルクス主義の旗の下で」、一九三六年、№9、カ・ヤ・バウマンは、当時、全ソ連邦共産党（ボルシェヴィキ）中央委員会学術局の局長。彼の論説は、新聞「プラウダ」から転載された。それから一年も経たないうちに彼は弾圧され、非業の死をとげた。

11　エフ・ゲ（ゲオルギエフ－著者）、「ソ連邦における心理学の現状と課題」、同書。

であったのです。だからブロンスキーにお咎めがなかったのかもしれません。けれども、その手紙の宛先人であったア・エス・ブーブノフは、たちまち「人民の敵」とされ、銃殺されてしまいました。

ヴィゴツキーとその学派は、主観的観念論と反マルクス主義の烙印を押され、長い長い道を歩むことになりました。彼の弟子たちは、その当時、直接的な被害を受けなかったとはいえ戦後、わが国の学術史のこの時代について思い出そうとしませんでした。ところで実際はどうだったのでしょうか。政令で述べられているようなことが、実際の児童学であったのでしょうか。また児童学に対するヴィゴツキーの実際の態度は、どうだったのでしょうか。

私たちが見たように児童学者に向けられた訴えは、「要するにえせ科学的な実験」やアンケートやテストにありました。言いかえれば、良かれ悪しかれ子どもの心理発達水準の客観的な評価をするいわゆる心理診断学のすべての方法論が、有害であると訴えられたのです。

心理診断法（テスト）を作成しようとする最初の真剣な試みは、二〇世紀初頭にフランスの心理学者アルフレッド・ビネによってなされました。彼のテストは、わが国の子どもたちの児童学的な検査の基礎にもなりました。精神医学者ゲ・イ・ロスソリーモの「心理学的プロフィール」や、ア・エフ・ラズルスキーやその他の人々の方法も用いられたのですが、最も普及したのはビネ法でした。

すでに一九二五年に、ソヴェトの心理学者ヴェ・ア・アルテモフは、ビネ・テストを鋭く批判しました。[12] 確かにビネには弱点がありました。例えば彼は、「知的能力」が不変で、遺伝的に条件づけられ、教育に左右されないと考えていました。実際には彼自身がすぐに気づいたのですが、彼のテスト結果は、年齢や教育水準、社会的条件に左右されていたのです。当時、以下で述べるような「児童学的年齢」という概念も生じました。彼がテストに持ちこんだその他の修正は、原則的になにも変わらず、結局ビネと弟子たちは、まさに自分たちがテストで測定した結果にしどろもどろとなってしまいました。それゆえにビネ法は、客観的な結果を十分にもたらすことができなかったのです。一九一一年の第一回全ロシア実験教育学会では、この方法をめぐって非常に興味を引く議論が展開されました。児童学者ア・シューベルトは、ビネ・テストによると七三％のロシアの子どもたちが、同年齢のフランスの子供たちの知的発達と比べて遅れていると主張しました。ところが報告における討論で、ヴェ・ヴォルコヴィチが登場しました。彼女もビネ法を用いて調査をし、次のような結論に達しました。「ロシアの子どもたちは、その知的発達において、フランスの子どもたちよりおよそ二倍先んじている」[13]と。

したがって思案した児童学者たち（より正しく言えば児童心理学者たち）は、すぐに別の見方をし始めました。彼らはすでに、何か神秘的な「才能」ではなく、「学校適性」について考えていたのです。ヴィゴツキーは「教育心理学」（モスクワ、一九二六年）において、「この観点は、抽象能力の代りに、客観的な習熟—読み・書き・計算—についての

12　参照。「才能の問題とマルクス主義」、『心理学とマルクス主義』、レニングラード、モスクワ、一九二五年。

13　「第一回全ロシア実験教育学会論文集」、モスクワ、一九一一年。メディンスキー・イェ・エヌ、「ロシア教育史」、第二版、モスクワ、一九三八年、四三七〜四三八ページからの引用。

具体的で実際的な研究と実験を提起している」と好意的に述べています。しかし彼は、後になってさらにもう一つの本質的な修正を加えています。すなわち、「いかなる『一般能力』も存在せず、存在するのは、なんらかの活動への多様で特殊な能力である」（三二二―三二三ページ）。

だがそれにもかかわらずヴィゴツキーは、ビネ・テスト（正確にはビネ＝シモン・テスト）をすっかり捨て去りませんでした。彼の意見によれば、これらのテストは「それらに代わる新しいものが作られない限り、短時間ですむおおまかな手段として考えられ、次の三つ……の事を条件づきで知ることができる。その第一は、正常な児童群から発達不十分な異常児や、特別な養育機関に分離しなければならない児童群の判別である」。ちょっと立ち止まってみましょう、このどこがいけないというのでしょうか。精神医学者にしろ欠陥学者にしろ、心理診断法を用いずにどうやって仕事をするのでしょうか。この点について児童学に対するクレームがナンセンスであることは、他にどのような選択があるのか考えてみるだけで明らかです。通常の学校の児童集団に、知的遅滞児を故意に残すのでしょうか。そしてこの子どもたちが学業で遅れ始めるまで待つのでしょうか。それとも目見当で知的遅滞児を判定するのでしょうか。もちろん、大多数の同年齢児が達成できるテストを今は達成できないからといって、それらの子ども全員を、知的遅滞児といっしょくたにするのは誤りです。テストそれ自体に責任があるというのでしょうか。要するに、科学としての児童学に責任があるというのでしょうか。下手な大工にかかると非常に鋭い斧もぼろぼろになってしまうのです（残念ながら、まさにこのような「下手な大工」は少なからずいました。おそらくこのような大工たちが、児童学者の活動を調査しなければならないと決めたのでしょう。だが学問をすっかり閉鎖するとは！）。

引用を続けましょう。「さらに、残りの子どもたちの発達障害を多かれ少なかれ確かめることができる。そして第三は、毎年変化する子どもたちの発達過程を追跡することによって、子どもたちをできるだけ進歩させることができる。」（同書、二三〇ページ）。しかしこの点の何が悪いのでしょうか。いずれにせよ、どんな心理診断テストでも、日誌の記録よりも子どもの発達について多くのことを語ってくれます……。

ちなみにビネ＝シモン・テストの問題例を年齢別に挙げてみましょう。四歳―自分の性別を言わせる。家庭生活用品の名前を三つ言わせる。三桁の数字を復唱させる。五センチと六センチの線を比べさせ、長い方を指摘させる。七歳―右手と左耳を指摘させる。絵を描かせる。三つの簡単な依頼を行なわせる。一枚の三カペイカ硬貨と三枚の二カペイカ硬貨の合計を言わせる。四つの色の名称を言わせる。おわかりのように少しもこじつけ的ではありません。またここには、子どもを愚弄するような所があるのでしょうか。私には、面白いとさえ思えます。

そこでこんどは、児童学的年齢について考えてみましょう。次のような状況を思い浮かべて下さい。ある七歳児が「その」すべての問いに正しく答えただけでなく、八歳児のテスト項目にも正しく答えたとします。すると、その子どもの児童学的年齢は八歳であり、つまり彼は、同年齢の子どもよりも一歳先んじているということになります（ところで、このような子どもたちは、およそ二五％います）。しかしもしその子どもが「その」問いに答えられず、「六歳児」の問いにうまく答えられるならば、その子の児童学的年齢は六歳であり、したがってこの子どもは一歳遅れていることになります（このような子どもたちも約二五％います）。他に言うことはありません。手早くて便利なのです。

それに引き続いて疑問が生じます。遅れは何によって生じるのでしょうか。児童学者たちはこう答えます。遺伝的素質、あるいは環境、つまり子どもの生育条件であると。確かに児童学の目標は、一方では、児童そのものの研究であり、他方では、「環境との相互作用である児童[14]」研究です。だが子どもを「生物的な部分」と「社会的な部分」に分けてはなりません。「それぞれは並存するのでもなく、一方の上に他方があるのでもなく、一体的なものである[15]」からです。

ある点で政令の作成者たちは正しかったのです。つまり、児童学者の中には、子どもの社会環境の不変性を語るような者たちもいたからです（例えば、ア・ベ・ザルキンド）。だがまさにこの時にヴィゴツキーは、「それはまったく間違っている」（四巻、三八四ページ）と考えたのです！

またヴィゴツキーは、自分と同時代の何人かの児童学者に対して、さらに鋭い評価をしています。例えば、子どもを生物学化する理論を批判して、次のように書いています。「ヴォルテールはルソーを読み終えて、ルソーは四つんばいで歩きたいのだ、と嘲笑した。わ

14　ヴィゴツキー・エリ・エス、「未成年者の児童学」、モスクワ、レニングラード、一九三一年、一八ページ。
15　同書、一五ページ。

が国のほとんどすべての新しい児童学は、まさにそのような感じをもたらす。児童学は子どもを四つんばいと見なしている」(「知的遅滞、盲、ろう唖」、レニングラード、発行年不詳、七四ページ)。

極めてすぐれた最も代表的な児童学者たち、ましてやヴィゴツキーの著作には、「生物学的要因と社会的要因による子どもの運命の被制約性」という宿命論的に働く法則は、少しも認められません。いずれにせよ私は、主要なソヴェト児童学の出版物の中に、なんらそのような考えを見出すことができませんでした。

これらの主要な出版物の中に、論文集「ソ連邦における児童学の基本的諸問題」がありました。その書物の扉に書かれていることによれば、「一九二七年十一月二七日から一九二八年一月三日にわたる第一回全ロシア児童学学会のテーゼについて」(モスクワ、一九二八年)出版されたものです。この学会でヴィゴツキーは二度登場しています。特に彼は次のように述べました(正しく言えば、彼はテーゼとして書いたのです)。「おおまかな手段として、伝統的な方法論的手法(ビネ=シモン尺度など)の利用は、可能であり必要であるが、このような検査に基づいて児童学診断を行なうのは危険であろう。これらの方法は、特別な研究のために子どもを選別する……。」(一三二ページ)。この命題(強調は、ヴィゴツキー自身による)を熟考し、政令で言われていることと比べてみてください。

遺伝性について言えば、アルコール依存者の子どもたちに知的遅滞や発達遅滞の生じる理由について書かれた書物は、今でも数多くあります。一方ブロンスキーはこの学会で、説得力をもって納得のいくように環境について語りました。彼は次のことに注目しました。つまり、初等学校（当時、第一段階学校と呼ばれていました）には、知的に十分発達しているが、学校でのその知的発達の速度が著しく遅れている生徒がいて、その数が二八％に及ぶということでした。とりわけそのような生徒たちの家庭は、悪条件に置かれていたのです。

覚えておられるように政令は、児童学検査が「学業不振の生徒や、学校の日課の枠におさまらない生徒に」向けられていた、と主張されています。私は、問題がまさに逆だった！と思います。ヴィゴツキーは非常に正しく次のように書いています。「誰もかれも同じにすること。それは教育学のとんでもない考え違いだ。教育学の基本的な前提は、個性化という要因を必ず必要とする」[16]。しかしながら、全ソ連邦共産党（ボルシェヴィキ）中央委員会の一九三一年八月一四日付の政令「初等および中等学校について」の後、まさにこの「子どもを全て同じにする」過程が始まりました。その意図は、実際には、「学業不振対策」にあったのです！　ところがちょうどその時、児童学は学業不振の原因を明らかにしようとし、学業不振児を最も好ましい条件に置こうと努めていたのです。

「非常識な学校死滅論」については、次章で述べることにいたします。

「児童学的偏向」に続くヴィゴツキー批判のフィナーレとなったのは、私がすでに述べた一九三七年出版のイェ・イ・ルドニェーワによる一万部の小冊子でした。この小冊子からいくつかの傑作を挙げてみましょう。私はそれを逐一述べませんが、お許し下さい……。

16　ヴィゴツキー・エリ・エス、「教育心理学」、モスクワ、一九二六年、三二二ページ。

つまりヴィゴツキーは、「書物によってソヴェト学校に大きな害をもたらした児童学の『大立役者』の一人」、「彼の見解の反マルクス主義的な性格」、「彼は、試験や成績評価に……反対している」（この点に彼の「反マルクス主義」が認められるというのでしょうか）、「ヴィゴツキーは、発達に及ぼす教育の影響を否定し、自分の「研究」を引合いにだしながら、知識の役割の過小評価に行きついた」、「ヴィゴツキーは、再び現われたブルジョワ心理学の潮流に、その都度やみくもに身をまかせた」、「彼と彼の弟子たちが子について行なった仕事は、本質的にわがソヴェトの子どもたちに対する愚弄であった」というのです。

ヴィゴツキーは、心理学者エ・イェンシュの研究に基づき、子どものいわゆる直観像的（形象的）記憶について述べました。この小冊子の著者は、それについて次のように解説しています。「ところでヴィゴツキーは、外国語をよく知り、国外にも行ったことがあり、ファシストの扇動家イェンシュによるソ連邦やマルクス主義に対する動物的な憎悪を知らないわけがない。それにもかかわらず彼は、わが国の出版紙上で、このたわごとを厚かましくもごり押ししている」。

こんなわけで「ヴィゴツキーの有害なシステムは……摘発され、破棄されなければならず、修正されるべきものではない」、「ヴィゴツキーの仕事についての批判は緊急事であり、一刻の猶予もならない。それどころか彼の一部の後継者たち（ルリヤ、レオンチェフ、シフ、その他）は、いまだ武装解除されていない」というのです。

しかし、わが国の教育学と心理学の歴史におけるこの重苦しい事件については、これで十分です。締めくくりとして、一九八八年四月二一日付「教育新聞」でのア・ツィルニコフの記事の一部を引用しましょう。この記事では、学者である私がこの章で言い足りなかったことが、ジャーナリストの情熱をもって言いつくされています。

「……わが国の教育心理学と年齢心理学の発展は、何一〇年も遅れている。学校には、子ども不在で性不在の教育学が完全に居座り、やっと苦難の五〇年を経て、心理学の職務が再び生じ始めているものの、ないがしろにされている。

学校の社会的な被制約性や、子どもの才能、職業能力、精神神経症的な異常を明らかにし、研究してきた人々は、「反啓蒙主義者」、「ファシストの追従者」と宣告される（精神神経症的な異常は、やがて一九八〇年代初めまでに学校から「消失する」。だが当時のモスクワの主任小児精神病医の資料によれば、中等学校と職業技術学校生徒の約半数が、精神医学的・心理療法的な援助を必要とすると述べられている）。……古参のソヴェト教育学者で、当時の児童学者であったヴィークトル・エフィーモヴィチ・グムルマンの回想によれば……児童学者の壊滅が始まったのは、当時、モスクワ第一一〇学校の生徒であったワシーリー・スターリン（スターリンの息子）が、知能テストによって低く評価された後であった……という」。

それこそが真相に近いかも知れません。いずれにせよ、生徒たちの家庭・親・社会環境の「好ましからぬ影響」や「病的な異常」を話題にする時、児童学政令の過大な感情の高ぶりがはっきりと分かります。

# 第五章　子どもの宇宙世界（児童心理学と教育心理学）

子どもは……宇宙世界や我が惑星のごとく、
　　理論的知識の極めて重要な対象である……。

エリ・エス・ヴィゴツキー

……子どもに我々の科学、我々の真理を授けるまでの学校教授は、生徒固有な考えを引き出すことであって、それを発達させることはできない……。子どもを教えること、これはつまり……子ども固有な真理を、我々の真理にまで発達させることである。

ペ・ペ・ブロンスキー

ヴィゴツキーの書物「教育心理学」は、一九二六年に出版されましたが、ほとんど注目されませんでした。この書物は、今でもあまり知られていません。実はこの書物の出版は、あまりにも遅すぎ、またあまりにも早すぎたのです。遅すぎた理由は、すでにこの頃までにヴィゴツキー自身は、少なくとも外見上、まさにこの書物の心理学的な基礎となっている反応論を放棄していたからです。つまりこの書物の題辞に、ドイツの心理学者、フーゴ・ミュンスターベルクの考え、「生徒―これは反応器械である」が掲げられたのは、それなりの理由があるのです。早すぎた理由は、「新しい種類の教科書」としての書物の独創的な構成、つまり「教育の個々の要素の分析や、教育過程のさまざまな側面を記述するに当たって、学問的に原則的な統一を保つ」（八ページ）著者の試みが、当時まだ理解されることも受け入れられることもなく、今日でさえ、このような書物はないと言えるからです。しかし最も重要なのは、その出版後まもなく、わが国の学校や教育学が発展期に入り、それとともに穏当な言い方をすれば、ヴィゴツキーの教育学的な考えがその時代に適さなくなったからです。とはいえ読者は、残念ながらこの時期がまだ終わっていないことを今すぐにお分かりになるでしょう……。

しかし、私がヴィゴツキーの教育学的な見解についての話を、「教育心理学」という書物の詳細な分析から始めるのは、それだけが理由ではありません。ヴィゴツキーのこの著作は、教育学や教育心理学のあらゆる基本問題に触れているまさに彼の唯一の書物であるからです。彼のそれ以外のすべての著作は、この一貫した考えを個々の面に発展させたものなのです。

私は、この書物の内容すべてを遂一述べるつもりはありません。そこには、多くの平凡な箇所や、ひどく古臭い箇所さえあります。例えば、最初の何章かは、パヴロフの条件反射学説を述べているだけです。とは言っても、ここには興味を引く要素が見られます。例えば、ア・ア・ウフトムスキーの「ドミナントの原理」に対する次のような言葉でしめくくられている非常に共感的な叙述です。「上述したように人間の行動は、わずかな実現可能性の一つにすぎない。今我々は行動を、勝利したドミナントと、それに仕えることに同意したサブドミナントな反射であると定義づけることができよう。この原理は、人間の行動において全一性や統一性がもたらされる理由を我々に明らかにしてくれる」(四六ページ)。

重要な点は、第四章になってやっと始まります。その章でヴィゴツキーは、その後長い間、確信を持って貫き通した考えを、初めて述べています。それは次のような考えです。「被教育者の個人的な経験が、教育活動の基本的な基盤となる。厳密に言うと、科学的な視点から他者を教育してはならない……。自己教育だけでいいのである……」(五六ページ)。

こんなことになろうとは! まさに彼の「批判者たち」がしたように、これらの言葉をその後のヴィゴツキーの思想から切り離すならば、これらの言葉は、現実に私たちの慣れ親しんだ考えをまったく否定するように響きます。しかし次のページを開いてみましょう。

「……生徒の受動性は……科学的な視点の最大の罪である。なぜならば、科学的な視点は、教師がすべてで、生徒は無に等しいという誤った考え方に基づいているからである。……それゆえに、伝統的なヨーロッパの学校制度では、教育と教授の過程が、あらかじめ教師の意図した指示や教訓の生徒による受動的な理解に常に帰せられているが、それは心理学的に非常識の極致である」（五七ページ）。

この考えにしばらく立ち止まり、その考えを深く考えてみましょう。実際に学校は今日でも同じ状態にあり、「心理学的に非常識の極致」のままです。だから革新的な心理学者といわれるような人々、ワシーリー・ワシリエヴィチ・ダヴィドフや、シャルフ・アレクサンドロヴィチ・アモナシヴィリが、今日行なおうとしていることのすべては、まさに教授＝教育過程を、生徒による「教師のあらかじめ意図した指示と教訓」の受動的な理解に帰着させることの拒否なのです！　だからこそ「共同教育学」は、教育学の保守主義者たちの余りにも激しい怒りを呼び起こし、その結果代案を提起しているのです。それはどんな教育学なのでしょうか。

「教育過程の基礎には、生徒の個人的活動が置かれなければならない。教育者のすべての手腕は、要するに生徒の個人的活動を方向付け、調整することでなければならない。教育過程で教師は軌道でなければならない。それによって、車両は自由に、自主的に動き、それによってのみ車両は自己運動を方向付けられるのである。科学的な学校は、必ずやライの言うところの「行動の学校」である。」（五七ページ）。（文脈―それについて私は示していないのですが—から見てヴィゴツキーが教育について語る時、教授も考慮に入れていたことは明らかです)。

このライとは、どんな人物だったのでしょうか。ウィルヘルム・アウグスト・ライは、一九世紀末から二〇世紀初めにかけてのドイツの著名な教育学者の一人です(彼はヴィゴツキーのこの書物が出版されたちょうどその年に亡くなりました)。もちろん、「公式」の教育学史では、彼は「極端な生物主義化」、「生徒の個々の種類の活動における教育学的な役割の過大評価」などによって非難されています。そう思い込めば(だがこのような思い込みは、わが国の教育史の研究者たちにいつも見られます!)それを彼に見出すことができます。しかし彼の概念の主要な意味は、この点にあるのではありません。彼自身の言うことに耳を傾けてみましょう。

「行動には、教授、関心、注意の秘密が隠されている。人間は、本来活動する存在である。子どもは活動しようとする。遊びでの子どもの自己形成は、活動そのものに他ならない。行動によって子どもの身体的、精神的な諸能力が発達する。子どもは学校に入学する。そしてこの最初の自然で無意識的な発達は、突然の長期にわたる中断をこうむり、そのことが全生涯にわたり子どもの身体的、精神的な機能に、あまりにもしばしば害をもたらす。六歳から一四歳、あるいは一九歳にわたる生徒は、法律の定めによって、一方的で、受動的な、また不自然な、机の上だけの椅子に座ったままの教授にさらされる。そのような教授は、行動の原理と無縁であり、休日を別にすれば、生徒を毎日、長時間、学校での受動的な理解と不動の着席や、宿題を強制し、またしばしば、人間の記憶がうまく処理できないほどの法外な量の教材を押し付ける。一方では、新陳代謝障害を、他方では、宗教学、歴史学、文学、多種多様な言語文法、地理学、物理学、動物学、植物学、鉱物学、化学の分厚い教科書を思い起こすだけで十分である。また無数の大量な名称、数、それ以外に専門家の名誉となる技葉末節がある。だがそれらは、授業の理解や世界観の基礎の形成と何の関係もない技術末端であり、子どもの頭を混乱させ、教材によって自由な活動を押し殺し、自由な加工や描画の時間を残さない。つまり加工や創造的描画の機能を犠牲にして、理解する機能や器官の極めて不自然な発達をもたらすのである。要するに、わが国の学校教育が、いかに心身に有害な影響を与えているかというわけが良く分かる[1]」。

二巻本の「教育学辞典」は、ライの考えが「基本的に方法論で、間違っている」と考えていますが、そのわけは明らかではないでしょうか⁉　私は、ライの言葉に注釈は必要ないと思います。つまり、今私たちが、現代の学校について、公然と言ったり書いたりしていることとまったく同じではありませんか。

しかしヴィゴツキーに戻ってみましょう。まさにここで引用した彼の考えは、彼を「おろかな反レーニン的な『学校死滅』論」（イェ・イ・ルドニェーワ）に「つけたす」口実とされたのです。ここでは何が問題となったのでしょうか。一九二〇年代の著名なソヴェトの教育学者、ヴェ・エヌ・シューリギンとエム・ヴェ・クルペニーナは、一九二八年から二九年にかけて、次のような考えを持って登場しました。その考えによると教育学は、

1　ライ・ヴェ・ア、「行動の学校」、『外国教育史選文集』、第二版、モスクワ、一九八一年、五二五～五二六ページ。

組織化された教授＝教育過程（例えば学校）の諸形態だけでなく、「無組織的な教育」つまり社会環境や実践活動の教育的作用、についても取り組まなければならないのです。この考えは、一般的に言って正しいとされ、シューリギンを厳しく批判した人民教育委員・ア・ヴェ・ルナチャルスキーでさえ、一九三〇年に似たような考えを述べています。だがヴェ・エヌ・シューリギンは、その考えから次のような結論を下しました。つまり、我々は、学校が消滅する間際にいる。だが、党、ソヴェト、労働組合の組織が学校の教育的機能を永遠に引き受ける、と。まさにこの点で彼は、いわば急ぎすぎたのです。

ブロンスキーは、自叙伝で、それについて次のように回想しました。「ヴェ・エヌ・シューリギンは、環境が教育するという正しい考えから出発した。しかし彼はこの考えを次のように続けている。共産主義が樹立されていくにつれて、環境がかなり備い、文化的なものとなり、学校も含め特別な補助的教育手段の必要性は減少し、つまり学校は次第に消滅していく、と。彼は二〇年代の最後にすでに学校消滅の時期が始まっていると考えていた」（ペ・ペ・ブロンスキー、我が回想、モスクワ、一九八一年、一七〇ページ）。この考えには、ヴィゴツキーの似たような考えと同じく、少しも反レーニン的なところなどありません。私はこう言いたい。まったく逆であると。ヴィゴツキーは、以前の公式「教師がすべてで、生徒はどうでもよい」を、逆の公式「生徒がすべてで、教師はどうでもよい」に代えてはどうしようもない、と述べているのです。教師の役割はきわめて大きく、独自なものなのです。そして誤っているのは、「生活は学校以上に教育する」という見解なのです。「我々は、教育過程を生活環境の支配に委ねることに同意できない」(「教育心理学」、六〇ページ)。

ヴィゴツキーによれば、教育過程は決して「のんびりとした穏やかな」ものではありません。「それはきわめて困難な闘いであり……それは、人間と世界との間の絶えざる戦闘からなる飛躍的で革命的な過程……である」(六三ページ)のです。また、もちろんその過程は、その目的として階級的性質を帯びています。「教育一般」ではないのです。教師の役割はまさに次のことにあります。つまり教師は、子どもに及ぼす社会環境の影響に積極的に関与し、その影響を調整し、それを方向づけるのです。またそれゆえに教師は、自分の個人的な能力、技能、知識だけでなく、測り得ないほどさらに重要な、社会的!、教育の推進力を手中にしているのです。

すでに遊びは、「子どもの生き生きした社会的、集団的な経験」、「社会的経験の最大の学校」(九八ページ)です。しかし子どもの心理形成に及ぼす社会的影響は、はるかに広いのです。家庭は「小社会の市民としての技能」を与えるだけであって、「家庭は、時代が世界市民を教育する壮大な教育課題を求めている時に、家庭人を教育する」(九九ページ)のにすぎないのです。「我々は、階級のために家の壁を、学校のために学級の壁を、都市のすべての学校を統一するために学校の壁、等々を打ち破らなければならない。こうして全世界を巻き込む児童運動、すなわちピオネールや共産主義青年団のような世界的な児童運動にまで達しなければならない」(同ページ)。

しかし問題は、子どもの教育を保障する環境の範囲を拡大することだけではありません。それにも増して重要なのは、子どもが教育過程で獲得する社会的態度の質です。多様なこれらの態度のすべては、「すでに習得した何らかの習熟や技能で解決されないであろう。むしろこの場合の形成目的は、一定量の技能ではなく、すばやく巧みに社会的な状況判断のできる一定の創造的な能力である」(一〇〇ページ)。

根本的に重要な考えです！　所定の社会環境に受動的に加わるのではなく、自らの生活を社会において能動的、創造的に組織する能力です。大事なのは、「社会的態度の創造」であるとヴィゴツキーは主張しています。このような創造的な能力が特に重要となるのは、社会発展の激動期であって、一〇月革命後の初期の頃とか、今日のように激しく再構築が行なわれている新しい社会建設の時期なのです。まさにわが国の非常に多くの現代人に、社会的現実に対するこのような態度を養わなければ、彼らは反再構築勢力の培養基となるし、「ブレーキ装置」のきわめて重要な部分となってしまうのです。ヴィゴツキーの考察は、今日でも焦眉のこととして響きます。

私は、教育学の面できわめて興味を引くにもかかわらず、情動の育成や、注意や、また志向についてのヴィゴツキーの考えを省きます。ここでヴィゴツキーが述べている最も本質的なことは、教育の一般的な目標設定です。新しい心理学は、「生徒自身に自らの振る舞いを育て上げることを求めるだけでなく、教師に子どもの振る舞いを決定する諸要因を方向づけ、調整することを求めている。それはまた、教師だけでなく、生徒にもそれらの振る舞いの目的を自覚することを求めている」（一三二ページ）。一般的に、「教育過程での決定的な要因は、さまざまな行為をしたり、教材を学んだりする時に、その目的を自覚することである」（一三三ページ）。

例えば、過去の革命前の学校における試験と、試験での目的設定は、「心理学的に無意味で、教育学的に有害」です。この書物が執筆された当時、生徒たちはまったく試験に合格しませんでした。しかし（ペレストロイカから）すでに五年もたった今日でも、ヴィゴツキーの次の文章は通用すると思われます。「……中学校では、試験に合格するために学び、卒業証書を得るために試験に耐え抜く。優れた教師たちはそのことを知り、試験と闘う意欲を失なってしまった……」（一三二ページ）。

これについてイェ・イ・ルドニェーワは、「彼は試験に反対している」と憤慨しています。でもそれは正しいのです！　そのわけは、三〇年代の初めに、まさに彼の学派の心理学者であったレオンチェフとルリヤが、論文集「試験と心理」の主筆となり、手中にした事実によって試験の無益さや有害さまでも証明したからです。

「以前の学校の最大の罪は、生徒の誰もが、何のために地理や歴史や数学や文学を学ぶのか、という質問に答えられなかったという点にある。過去の学校がわずかな知識しか与えなかったと考える人は、間違っている。それとは逆に過去の学校は、とてつもないほど多量の知識をしばしば与えてきた。……だがいつもそれは、砂漠の財宝にすぎず、誰もが十分に使いこなせないものであった。なぜならば、それらの知識の基本目標が、生活を無視して設定され、常に生活と非常に矛盾していたからである。砂漠のダイヤモンドのようなこれらの知識は、きわめて平凡で目立たない生徒の、きわめて単純な生活上の要求を満たすことができなかった。

個人的経験から、まったく容易に次のことを思いだす。つまり、学校で得た知識によって成功したほとんど唯一の適用は、試験である程度正確な答えをするぐらいであった。さらに地理学の知識によって実生活での位置判断がたやすくできるようになった者や、旅行での印象の範囲を拡大した者も誰もいなかった。また天文学の知識で、空の雄大さをより強く鮮明に体験できた者も誰一人いなかった」（一三三—一三四ページ）。お分かりのように、ここで述べられている過去の学校についてのすべては、今日の学校にもまったく同じように当てはまります。

思考の章から、次に述べるようなやはり非常に切実な考えを指摘しましょう。「最悪の教育方法は、被教育者の意識に、してはならない振る舞いを強制的に、また執拗に導入することである。「何なにをしてはならない」という戒めは、すでにその振る舞いを実行するきっかけとなる。というのは、戒めが、すでにその振る舞いについての考えを意識に導入しているからである……」（一六七ページ）。ところでこの章には、思考を「経験の内的組織化のシステム」とする非常にすばらしい定義が見られます。またさらにもう一つの定義として、思考とは、日常の課題解決における私たちのあらゆる過去経験の参加である……、と述べられています。

ヴィゴツキーは、興味についてきわめて重要な命題を表明しました。ここではその総括的なテーゼを一つだけ取り上げましょう。「教師が、何かをうまく習得させようと思うならば、それに関心を持たせるように気を配らなければならない」（一四九ページ）。なぜならば生徒の活動や「自己活動」は、はその活動への関心や動機によって発展していくからです。

さらに警句をもう一つ述べましょう。「我々にとってきわめて重要なことは、今日の子どもを満腹させることよりも、食べ方を教えることである。それと同じく教育においてはるかに重要なのは、あれこれの知識を子どもに伝えることよりも、考え方を教えることである」（一八一ページ）。ヴィゴツキーによれば、できる限り具体的で、理解しやすく、やさしい教材を必要とするという教育学者の意見は間違っているのです。逆なのです！　子どもにとって、「子どもの思考の出発点となる」わずかばかりの難しさを創り出さなければならないのです。なぜなら「思考は常に難しさから生じる」（一八〇、一八一ページ）からです。

したがって子どもには、「難しさ」、あるいは別の言葉で言えば課題がなければならず、またその課題の解決できる手段がなければなりません。私たちはこれらの二つの要素を生徒に与えるのです。しかし課題解決それ自体は、「まったく生徒に委ねられる」のです。

これについてヴィゴツキーは、エヌ・カ・クルプスカヤも気に入っていた、いわゆるダルトン・プランによる教育に賛同しました。しかし、他のすべての教育実験と同様に、その試みは、一九三一年八月に採択された全ソ連邦共産党（ボルシェヴィキ）中央委員会の政令「初等および中等学校について」の後に、わが国の学校から追放されてしまいました。さらにごく最近、有名な教育学者、エ・イ・モノスゾンが書いているように、それらすべては、まるで「ブルジョワ的なプラグマチズム教育学の兵器庫から借りてきたいかがわしい『新考案』[2]」のように思われたのです。いうまでもなく当時、多くのことが諸外国の学校経験から取り入れられ、独自の試みの蓄積が始まったばかりでした。しかし、創造的な教育学の探求の時代であり、その上、非常に重要なことなのですが、まさに必要かつ進歩的な方向での探求であったのです。特に、ダルトン教育の主要な意味は次の点にありました。「この教授システムは、常に生徒を研究者の立場に立たせる。そうすることによって生徒に何らかの真理の究明を求める。教師は手引きするだけである」（一八八ページ）。いったい、何がいけないというのでしょうか。

生徒は教材の全般的な関連を理解しなければなりません。「自分が、何のために考えるのか。―この問いに対して、最初から正確で満足のいく答えが与えられなければならない」。それにもかかわらずこんな教科書制度が設けられた（今でも再び設けられています！）のです。「指導上の関連のないままに、生徒たちは細かい部分から細かい部分へと移り変わりながら、課程のそれぞれの部分間の関連を知った。それは馬がそれぞれの手綱の引っ張

2　モノスゾン・エ・イ、「ソヴエト教育学の成立と発展一九一七〜一九八七」、モスクワ、一九八七年、四四ページ。

られ具合に応じて方向転換の関連を知るようなものであった。だが、出発点から終着点に至る全体としての道の意味、つまりそれぞれのあらゆる方向転換を支配する意味は、馬と同じように生徒たちに隠されたままであった」（一八三ページ）。

私が上述したことに、次のことを付け加えるならば、この書物を読むと思われる高学年生徒たちに教師の権威を失墜させることはないでしょう。つまりこの当時多くの教師たちは、残念ながらヴィゴツキーが記したような状況とさほど違っていませんでした。なぜなら彼らにできたことは、承認されたプログラムに従って手綱を引くことだけだったからです……。

労働教授と労働教育は、今日の学校のきわめて重大な問題です。ここでもヴィゴツキーは、厳密で十分に根拠のある主張をしていて、その主張は彼の見解の全体系に有機的に融合してます。つまり彼は、総合技術教育（ポリテフニズム）を行なう学校について次のように書いています。「言葉の正確な意味に反して、この総合技術教育は、一個人における多くの職人仕事、多くの専門職の合体を意味するのではなく、すべての人間労働の形態を作り上げる労働の一般的な基礎の熟知、そのイロハの熟知を意味する……」（一九四ページ）。ここにはマルクスからの直接の引用はありませんが、この考えはマルクス的なものです。つまりマルクスによれば、技術教育は、「あらゆる生産過程の基本原則を熟知させ、それと同時に子どもや青少年に、あらゆる生産におけるきわめて簡単な道具の使い方を習熟させることである」[3]。そのさい労働は、一種の「科学的知識の結晶」となり、技術そのものは、

3　「マルクス・エンゲルス選集」、第二版、一六巻、一九八ページ。

「行動の科学」となるのです。

しかしヴィゴツキーは労働教授と労働教育に、その他の多くの心理学的に重要な要素を見出しています。例えば、労働こそが、達成された結果による調整を生徒に習慣づけるのです。なぜならば、学校の典型的な調整形態である点数評価は、それが客観的であるにせよ、「作業それ自体の過程から何か無関係で、遊離している」からです。ヴィゴツキーは次のようなことも書いています。まさに青少年は、集団労働によって本格的に集団に参加し、自らの関心によって生活し、自らの目的、行動、要求を、他人の目的、行動、要求と調整することに慣れていく、のだと。

純粋に学習的な労働も含めて、生徒たちのあらゆる労働は意味づけられなければなりません。しかし過去の学校でのあらゆる練習課題は、(今でも!)「あたかも生徒に働くことをすすめながら、その労働がまったく役に立たず、誰にとっても不必要で、本質的に言って無駄なことだとあらかじめ分かるかのように作り上げられている」(二〇一ページ)のです。言いかえれば、生徒の活動の動機づけが保証されていなかったのです。

ところで驚くべきことにヴィゴツキーは(一九二六年に!)、おそらくソヴェト教育学者として最初だろうと思われますが、愛国教育と国際教育の相互関係の問題についても述べています。彼の主張で重要なのは、民族主義の階級的本質についてのレーニン的な考えです。もちろん、私たちは、ヴィゴツキーが述べている「人間行動の民族的色彩」から逃れようもありません。民族的色彩は、「あらゆる文化的な獲得と同じく、極めて大きな人間的価値である。しかしそれは、カタツムリの殻のように自己の世界に閉じこもったり、あらゆる外的な影響から遠ざかったりする保守的な俗物とならない場合だけである」（二一八ページ）。その時には、民族主義、「盲目的な愛国主義」が生じ、自分の民族の外的なうわべだけの特徴へのこだわりが生じるのです。そこでヴィゴツキーは次のように締めくくっています。「自らの民族への忠誠は、自分個人への忠誠であり、また正常で誠実な唯一の行動手段である」。

ヴィゴツキーはその後三〇年代の初めに、さらにもう一つの考えを何百ページにもわたって展開しました。この考えは、子どもの人間形成や子どもの生活への参加が、平坦で漸進的な過程でなく、葛藤や質的な飛躍の連鎖である、というものです。「歯肉を貫く歯のようように、子どもは痛みと強さを持って生活に参加する」（二二二ページ）。

また次のような子どもの道徳教育についての警句を引用しましょう。「……道徳性を心の内部警察にしてしまっては……ならない。悪い結果を恐れて何かをさせないのは、悪いことをさせるのと同じく不道徳的である。物事に束縛されたあらゆる態度や、恐れや依存心のすべては、すでに道徳感の欠除を意味している。心理学的な意味での道徳感とは、常に自由であることを意味する」（二三一ページ）。

しかしさらに考察が進み、それから数年して、その考えはアントン・セミョーノヴィチ・マカレンコの教育体系で実現されました。マカレンコの著作には、それと非常に似た考えが見られます。ヴィゴツキーのその考察とは次のようです。「……道徳教育の基礎に据えられるべき新しいこととは、……自らの行動と集団行動の社会的調整……であると規定できよう。全員つまり集団から発し、また全集団に向けられ、学校生活の組織と秩序のきわめて現実的な機構によって支えられた規律が、権威的な組織の下で教師と生徒との間を支配してきた「教育学の二重奏」に置き換えられなければならない」（二三七ページ）。

どんな罰もないのです！　心理学的な観点から見て、どんな罰も有害です。「生徒の罪は、なによりも学校の罪である」のですから、まず第一に「治す」べきは学校であって、生徒ではないのです！　また最良の処方箋は、学校の自治です。しかし、わが国の学校でかつて横行し、現在も横行しているような自治の遊びではだめなのです。それは「現実の社会的関係」でなければならないのです。「……学校は、道徳的な性格形成に役立つような幾多の社会的関係を子どもに浸透させ、それで包みこまなければならない。……教育するということは、つまり生活を調整することである。子どもは、規則正しい生活において正しく育つのである」（二四〇ページ）。

罰ばかりでなく、点数評価も心理学的に無益で有害です。それは、「教育それ自体の利害をすぐに支配するほど作業の全経過と無関係な評価様式であるので、生徒は悪い点数を避け、良い点数を取るために学び始める」（二四一ページ）。

ヴィゴツキーのこの書物は終わり近くなり、順序からいくと次は教師についての章です。そこでは、次のような考えが述べられています。その考えを正しいと見なすと、多くが次のように説明されています。つまり、当時の学校で、今日の学校で見られるような、とくに基本的に考えようとしないタイプの教師や、ホメオスターシスの法則（簡単に言えば、「私をそっとしておいて」）で生きている教師や、印刷機のように一度習得したことと同一の教条主義的な構想を何回も繰り返しているような、いくつもの例が挙げられています。要するにこの考えは次のようになります。「……教育機械への人間の転換それ自体が、人間の心理学的な本性から見て、人間を非常に愚かにしてしまう。

したがって、新しい条件において教師に基本的に求められるのは、次のようなことである。つまり、枠にはまることを断固拒否し、積極性と生活に息づくすべての側面の発達した教師である。以前のタイプのあらゆる教師の仕事では、出口のないよどんだ水のように、ある種の腐臭と汚染が絶えず生じていた」（三三七ページ）。

残念ながら、私たちが今でもしばしば使わざるをえない「よどんだ」という言葉がすでに用いられているのです。以前の教師について述べられていることが、今日の教師にもまったく正しく当てはまることに、皆さんも同意なさるでしょう。

ヴィゴツキーはその原因の一つを、あまりにもしばしば学校が、壊れた船が命を預ける埠頭になっていると見ています。「象徴的なのは、当時、退役軍人が教師になったことである。退役軍人は存命し、今でも教師の四分の三を占めている」（三三八ページ）。そのいけない点はどこにあるのでしょうか。それらの人々は、担当教科の知識をあまり持っていないからでしょうか。ヴィゴツキーはそうではないと答えています。新しい教育学で最も重要なのは、教師の持っている抽象的な知識ではないのです。では、何がいけないのでしようか。

「これまで生徒は、いつも教師の責任にまかせられた。生徒は教師をじっと見つめ、教師の頭で判断した。生徒が自分自身で理解できる時期になると、教師は何らかの知識をわずかしか教えなくなる。それは説明や、非常に詳細な演示によって、子どもに上手な歩き方を教えられないのと同じことである。子ども自身で歩かせ、転んだりさせ、また打傷の痛みをこらえさせ、進む方向を選ばせなければならない。つまり、歩行について何が正しいかと言えば、自分の足や、自分が転ぶことによってのみ、それを学ぶことができるということである。これは、教育のすべての面に同じように当てはまる」（三三九ページ）。

ところでそのためには、何よりも教育法則の正確な知識が教師に求められると、ヴィゴツキーは述べています。「将来、すべての教師は、自分のあらゆる仕事を、心理学によって組み立てなければならない。つまり科学的な教育学は、心理学に根ざした厳密な科学となる。……以前の学校は、教育者の職業そのものを拙劣にしたという理由だけで、すでに心理学者によって非難された。……また、点数評価、監禁部屋、試験、監視が、生徒よりも教師を堕落させたのは、心理学的な逆説ではない」（三四一ページ）。

最高の「ハンブルグ式計算」からみて、教師に求められるのはいったい何なんでしょうか。第一には、教科の高度な知識と、教育学的な「技術」の高度な駆使です。「それ以外にまさしく教授法は教師自身の積極性と、集団主義そのものを必要とし、学校の精神を集団主義によって貫徹しなければならない」（三四二ページ）。

しかし、これがすべてではありません。次に挙げるヴィゴツキーの最後の考えは、その奥深さに驚かされます。彼は逆説から始めています。つまり専門としての教職は、原則的に何も誤っていないのです。それは、将来の教師が、ディレッタントになるというわけではありません。問題は教職に就くのが教師ではなく、技師、船員、扇動家、俳優、労働者、ジャーナリスト、学者、裁判官、医師……がなるということなのです。「……教師の教育活動は、創造的、社会的、実生活的な仕事と常に結びついていなければならない。……将来の町には、おそらく「学校」という看板を誇示するような建物は一つもないであろう。なぜならば、学校は……すっかり労働と生活に入りこみ、工場や広場、また博物館に置かれるようになるからである……」（三四二―三四三ページ）。

つまり、学校死滅論なのでしょうか。いいえ、まったくその反対です。「多くの人々は、新しい教育組織では、教師の役割が取るにたりないものとなり、教師のいない教育学、教師のいない学校を想像する」（三四三ページ）。これは、まったくそうではなく、逆であって、教師の役割は測りしえないほど増大していくのです。なぜならば、教師は子どもたちを生活に引き入れるからです。つまり「そのさい、生活は、絶えざる緊張と克服、絶えざる新しい行動形態の組合わせや創出といった創造システムとして現われる。したがって、我々各人の思想、運動、体験は、新しい現実を創り上げようとする意欲であり、何か新しいことへと進む突破口である」（三四六ページ）。しかし「生活が創造力となるのは、生活を歪め損なう社会形態から最終的に解放される時だけであろう。教育の諸問題は、生活の諸問題が解決された時に解決される」（三四七ページ）。

（興味深いことにヴィゴツキーのこれらの考えは、ストゥルガーツキー兄弟の科学的・幻想的な一連の小説に見られる未来の学校モデルと類似しています。ひまがありましたらこの兄弟の書いた書物を手にとって、自分で確かめて下さい）。

レフ・セミョーノヴィチ・ヴィゴツキーがそのように書いたのは、一九二六年のことです。しかしこれは、始まりにすぎなかったのです。

＊　＊　＊

私は長いこと、この書物の次のページをどうしたらよいのか思いあぐねていました。実現しそうもない大きな課題にどのように取り組んだらよいのでしょうか。ヴィゴツキーの書物や手稿に見られるエベレストのような考えを、私がさまざまな「学校」問題に割くことのできる二、三〇ページに、どうしたら収められるのでしょうか。現代の学校のために、これらの考えの全ての意味をどうしたら明らかにできるのでしょうか。それどころか、それをするのは、多くの点でゼロからの出発です。なぜならば、今日や明日に魅せられた今時の革新的な教育学者たちは、自分の考えの由来を稀にしか振り返らないからです。だが、クルプスカヤやブロンスキーと並んで、レフ・セミョーノヴィチ・ヴィゴツキーはこれらの由来の一つなのです。

そこで私は、次のようにしようと決めました。つまりこの章では、子どもの発達と教授過程の相互関係についての、ヴィゴツキーの極めて一般的で原則的な命題について述べることにします。しかしこの書物の最後で、もう一度「ヴィゴツキーと学校」の問題に立ち戻り、思考と言語の諸問題や、意味の発達などに関わる、より具体的で教育学的なヴィゴツキーの考えや発見についてもお話しすることにいたします。

以前のページに立ち戻り、まず先に「教育心理学」の二つのテーゼを思い出してみましょう。その一つは、教育と教授を、「教師があらかじめ決めた指示や教えを、生徒に受動的に理解させること」に帰着させるのは間違いであるということです。もう一つは、教育過程は「人間と現実世界との絶えざる衝突からなる飛躍的で革命的な過程」であるということでした。おそらくヴィゴツキーの概念の核心は、まさにこの二つのテーゼにあると思われます。

このうちの二つめのテーゼから始めましょう。このテーゼは、一九二六年に時代にふさわしく響いたばかりでなく、当時の哲学討論においてただちにヴィゴツキーの立場を決定づけました。だから、それについて語らなければならないのです。

その時期には、マルクス・レーニン主義哲学の二つの学派間に、激しい論争が生じていました。その学派の一つは、いわゆる機械的唯物論者たちです。これに属するのは、エリ・イ・アクセリロート、イ・イ・スクヴォルツォフ＝ステパーノフ、カ・ア・ティミリャーゼフの息子で物理学者であったア・カ・ティミリャーゼフ（彼は、物理学の著作だけでなく、アインシュタイン理論に対するとりわけ激しい攻撃的な批判をしたことでも有名）

です。一般に機械論者たちは、哲学が独立した学問として発展するとは考えていませんでした。彼らは、哲学理論、とりわけ弁証法の諸問題の検討が、不必要で無益であると考えていました。機械論者の意見によれば、複雑なことを単純なことに、深い本質を現象に帰着させ、現実を「あるがままの現実として」研究しなければならないのです。

この機械論者たちに対立したのがア・エム・デボーリンを筆頭とするいわゆる弁証法論者たちで、さらに著名な学者として、ヴェ・エフ・アスムース、イ・イ・アゴール、ヤ・イェ・ステンが挙げられます。けれどもなぜ「いわゆる」なのでしょうか。彼らは真なる弁証法論者で、しかも多くの点で今日のソヴェト哲学は、彼らの見解に立ち戻っています。私たちにとって今重要なのは、デボーリンと、その支持者たちが、機械論者との闘争において、人間と動物の行動の質的違いを強調したことであり、また存在と意識には固定した一義的な結合がなく、結合それ自体が発達すると今度は意識が存在に影響を与える、と主張したことです（皆さんは、意識が存在を決定し、その逆ではないと言うヴィゴツキーへの非難が、どこに由来するのか、今おわかりになったでしょう。その非難は、まったく偶然ではありません！）。

一九二九年に弁証法論者たちは機械論者たちを「撃破し」、哲学において最も主要な立場を占めました。論争をやめて、自らの考えを科学的な研究の方法論の作成に注ぐ、具体的な仕事をする時期がきたのです。それを、弁証法論者たちがし始めました。

しかしすでに終ったと思われたその論議に、さらにもう一つの勢力が介入しました。それは、後のアカデミー会員、エム・ベ・ミチンによって率いられた赤色教授研究所の哲学者グループでした。私は本書で、すでにミチンについて触れました。つまり彼は、雑誌「マルクス主義の旗の下で」の編集において、当時すでに亡くなっていたヴィゴツキーを手厳しく批判したのです。

アメリカの研究者、デ・ジョロフスキーは、彼の著した外国で非常に有名な書物「ルィセンコ事件」において、ルイセンコの高揚と没落の全史をドキュメンタリ風に述べ、ミチンを「スターリン主義至上主義者」と呼んでいますが、根拠がなくはありません。

一九三〇年六月七日付の「プラウダ」には、弁証法論者にきわめて激しい非難をあびせたミチンと二人の共同執筆者による論説が掲載されました（非常に興味をひくのは、すべての論拠が機械論者からの借り物であったことです！）。だが重要なのは、この論説には注釈がつけられていて、その注釈からこの論説が編集部の意見を反映していたことは明瞭です……。

ミチンのグループは、次の二つの戦線で戦わなければならないと主張しました。つまり、「右派」（機械論者）と「左派」（弁証法論者）とです。

今読者の皆さんには、ちょうど一九三一年に出版されたレオンチェフの「記憶の発達」という書物の折込み序文で、ヴィゴツキーが「左」にも「右」にも「挨拶」しなければならなかったわけがはっきりしたと思います。

弁証法論者たちは降伏しませんでした。彼らは反対者たちの哲学水準がきわめて低いことを得心がいくように説明し、自分たちに対する非難をたやすく論破しました。だから一九三〇年一二月九日にイ・ヴェ・スターリンが赤色教授たちの研究所に行かず、弁証法論者たちを「メンシェヴィークの観念論者」呼ばわりをしなかったならば、すべてが収まったのかもしれません。おそらく皆さんがすでにご存知のように、その後、何の議論もそれ以上生じませんでした。……けれどもデボーリン自身は「自己呵責」に陥り、以前の自分の見解をすでに口にしなかったのですが、それでも「航行」を続けました。彼の仲間であったベ・エヌ・ゲッセンとヤ・イェ・ステンは、それ以上に頑固でした。だが彼らにも反革命的な活動という非難が同じように浴びせられ、彼らは消え去ったのです。

この部分をすでに書き終った時に、私はデ・ア・ヴォルコゴノフ教授とのインタビュー（一九八八年六月一九日付「トゥルード」）で、二〇年代にヤ・イェ・ステンが、いわゆる「協議会」、実際は哲学教育の協議会に、スターリンによって招かれたという話を知りました。しかしこの生徒は物分りがわるく、まもなく「協議会」は中止されました。その後何があったのか、私たちは知っています……。

おそらく読者の皆さんは、なぜ私がことのいきさつのすべてをこのように詳しく述べようとするのか、お分かりのことと思います。というのは、ヴィゴツキーによる心理と活動の関係についての理解、子どもの心理発達の理解、道具や記号を人間心理に持ち込む彼の特に新しい考えそれ自体は、すべてデボーリンやその他の弁証法論者たちの見解とまったく一致しているだけでなく、彼らの立場を具体的で科学的な資料によって支持しています。だからデボーリンの名前がヴィゴツキーの論文や書物にそれほどしばしば出てこなくても、二人が同じ考えの持ち主であったことは明らかです（ところで、一九三一年の秋に出版されたヴィゴツキーの最後の出版物「未成年者の児童学」で、デボーリンの文章が共感をもって引用されているのは興味深いことです。ヴィゴツキーは校正刷りからそれを削除しませんでした）。

不思議なことに、一九八三年に出版された「哲学百科辞典」は、「デボーリン」の項目で、当時はやりのあらゆる非難を繰り返しています。つまり、マルクス哲学の発展においてレーニン段階を否定したとか（しかし実際にデボーリン主義者たちは、レーニンの哲学思想が不動のものでなく、次々と発展していくことを示したにすぎなかったのです！）、「理論と実践、哲学と政治の名だたる断絶」、「マルクスの弁証法をヘーゲルの観念論的な弁証法に近づけようとする不当な試み」とも書かれています。……わが国の哲学や社会思想全般の歴史にとって、デボーリンやデボーリン主義者たちの意義を再検討する時期がきているのではないでしょうか。

要するにヴィゴツキーは真なる弁証法論者でした。だから彼の科学的な世界観のこの特性は、彼の作り上げた子どもの発達段階区分において特にはっきりと示されました。

ヴィゴツキーには「年齢の問題」という著作があります。それはヴィゴツキー選集第四巻において、はじめて完全な形として出版されました。まさにこの著作で彼は、二種類の児童発達論について単刀直入に書いています。その第二のタイプの理論によると、「発達は、まず第一に、新しい発達の絶えざる発生と形成を特徴とする自己運動の連続的な過程である……。この観点は、発達過程の弁証法的な理解にとって、何か本質的な点を捉えている」。しかし発達に対するこのような弁証法的な観点は、観念論的な理解も、唯物論的な理解も伴うのです。「第二の観点（弁証法的唯物論―訳者）は、発達を物質的な側面と心理的な側面の統一、子どもが発達段階を登っていく時の社会的側面と個人的側面の統一、によって特徴づけられる過程として、発達を理解することへと導く」（四巻、二四八ページ）。

しかしこの弁証法的な発達には、量から質への転換というヘーゲルの概念を用いて記述してもよい一定の弁証法があります。すなわち、子どものゆるやかなほとんど目につかないような内的な人格の変化の時期が、著しい進歩や葛藤の時期と入れ替わるのです。顕微鏡的な変化が、「ある程度まで蓄積された後に、何らかの年齢的な新生成物の姿で、飛躍的に現われる」（四巻、二四九ページ）。ヴィゴツキーはこのような飛躍を五段階に分けました。つまり、新生児、一歳児、三歳児、七歳児、それに一三歳児の転機です。ヘーゲルとマルクスの弁証法をよく知っている人々のために、ヴィゴツキーの非常に特徴的な考察を引用してみましょう。それは彼がこの弁証法を深く理解していたことを明白に示しています。「臨界」（葛藤）期の新生成物は、それに続く時期になると「臨界期に生じた姿を保たず、またその後の人格の統合構造に必要不可欠な構成要素として入り込まない。それらは、あたかも次の安定した年齢の新生成物に覆い隠されるかのように、また従属機関の如くその成分に加わるかのように……その中に溶け込み、変容し、消滅してしまう。したがって、特別な深い分析をしなければ、それに続く安定期の獲得物に臨界期の変容した新生成物の存在を見出すことは、しばしば不可能である」（ヘーゲルかマルクスであれば、それらは止揚された姿で現われる、と述べたでしょう―著者）。これらの新生成物は、安定期にも存在し続け、「安定期に自主活動をせずに、地下の発達に加わるにすぎないが、……新形成の飛躍的な発生へと導く」（四巻、二五四ページ）。

またヴィゴツキーは、個々の発達段階のきっかけとなる「社会的な発達状況」という非常に重要な概念を導入しています。これは、「その年齢にとってまったく特有で特殊なものであり、子どもと子どもを取り巻く現実、とりわけ社会的現実との、特別で唯一な二度とない関係である」（四巻、二五八ページ）のです。まったく子どもそのものには見られないこの社会的な現実が、「発達の基本的な源泉」なのです。つまり社会的な現実が、個人的な現実となるのです。

ヴィゴツキーの導入した第二の基本的な概念―これは、「最近接発達領域」というものです。これはどのようなことなのでしょうか。

私たちはテストやその他の手段によって、子どもの心理発達の水準を判定します。しかしそのさい、子どもが今、何をし、何ができるかを知るだけではまったく不十分で、明日何をし、何ができ、たとえ今日達成されなくとも、すでに「熟しつつある」過程を知ることが重要なのです。「収穫予想をするとき、果樹園ですでに熟している果実の量を推計するだけで、まだ熟した実をつけていない木の状態を評価しない園芸家と同じように、すでに熟した面の判定に限定され、熟しつつある面を無視するような心理学者は、あらゆる発達の内的状態について正確で十分な理解を少しも得られないであろう……」（四巻、二六二ページ）。

子どもがまったく独力で課題を解決すると、児童学者たちは、通常そのような場合だけを、自主的解決と見なします。しかし、解決のために誘導質問や、解決手段の指示などを必要とする子どもがいるのです。模倣が生じるとしたら、それはもちろん「機械的で、自動的な、また無意味な模倣ではなく、理解に基づいた何らかの知的操作の知性的な模倣遂行」です。模倣―これはまさに、「子どもは独力でやり遂げられなくとも、それを学ぶことができたり、それを指導や協力の下でやり遂げたりできる……」（四巻、二六三ページ）ことを意味するのです。ですから「今日子どもが協力や指導の下でできることを、明日子どもは独力でやり遂げられるようになる。……我々は、子どもが独力で遂行できることを調べる時、明日の発達を判定している。我々は、子どもが協力の下で遂行できることを調べる時、明日の発達を判定している」（四巻、二六四ページ）のです。

ここで、最近接発達領域とはどういうことであるのか、はっきりしたことと思います。

それは、今日子どもが協力の下で遂行できることは（！）明日になると独力で行なえるようになる！　ということなのです。

発達と教育の相互関係の問題に移りましょう。

ヴィゴツキーは特殊論文「学齢期における教授と知的発達の諸問題」において、教授に取りかかるまでに、子どもは一定の発達水準に達していなければならないとか、機能が成熟していなければならないとか考える児童学者たち（この場合は、名前は挙げられていませんがペ・ペ・ブロンスキーのことです）を批判しています。その考えによると、「教育は発達に遅れをとり、発達が常に教育の前を進む。……教育は発達の上に建て増しされ、実際のところ発達に少しも変化をもたらさない」[4]とされるのです。

第二の理論グループは、教育が発達であると主張します。言いかえれば、教育は条件反射、習慣、習熟の形成に帰せられるのです。これは後に、反射学者たちによって採り入れられた行動主義的な見解です。この考えによると、「影が影を落とす対象に従うように、発達は教育の後に従う」（六―七ページ）とされるのです。

第三の理論グループの主張は次のようです。発達は教育（つまり、機能の「成熟」をもたらす）に左右されず、また同時に発達は教育である、と考えます。これらの二元論的な理論は、二つのまったく異なる過程を一つに統合しようとするものです。それらの過程間にはどんな結びつきがあるのでしょうか。成熟過程は、教育過程の下ごしらえとなり、その過程を可能にするのですが、教育過程は、成熟過程を刺激し、その過程を前進させるの

4　ヴィゴツキー・エリ・エス、「教授過程における子どもの知的発達」、モスクワ、レニングラード、一九三五年、五ページ。

です。まさにこのような理論の普及者は、コフカでした。

ヴィゴツキーは、まさにこれらの理論を基にして、有名な「形式陶冶」という教育問題が生じたと、書いています。別の言い方をすれば、「何らかの科目の日常生活上の教育的価値とは関係なく、子どもの全般的な知的発達という観点からみて最も価値があると思われる教科（学校の科目―著者）が前面に押し出されなければならない」（八ページ）と考えられたのです。このことから過去のギムナジヤにおいて古代語が「のさばった」のです。興味を引くのは、今日この観点がまったく根拠を失ったにもかかわらず（ヴィゴツキーは実験を引用しながら、ある活動様式を特別に教えても、たとえそれと類似している活動にせよ別種の活動様式に、ほとんど影響をもたらさないことをはっきりと認めています）、この種の主張がそれほど稀ではないということです。私は何年か前に、国語の教授法教科書を丹念に調べました。実際にこのような参考書のすべての著者が、国語教育の基本課題として、思考発達を挙げていることを知ったとき、私の驚きを想像してみて下さい！　そのうちの一人は、「言語学習と関連し、生徒の思考が発達し、共産主義的な世界観の基礎や、周囲の人々に対する正しい態度の基礎が形成される」と書いています。とんでもないことです！　その教科書は、「初等学校における国語の教授法」というものです。第三学年で、いったいいかなる共産主義的な世界観の基礎を形成できると言うのでしょうか！　また「周囲の人々に対する正しい態度」といったようなことは、そもそも教育学的な大きな謎なのです。

しかし、ヴィゴツキーの思想についての私たちの旅を続けましょう。明らかに彼は、先に特徴づけた三つの考えを拒否しています。彼はそれに代わるものとして、一体何を提案しているのでしょうか。

ヴィゴツキーは次のような定式を提案しています。「発達を先回りする教育こそが、よい教育である」（一五ページ）。まさに「教育が最近接発達領域を創りだす。すなわち教育は、子どもを呼びさまし、一連の内的な発達過程を刺激し、始動させる。それらの内的な発達過程は、今はまだ子どもにとって、周囲の人々との相互関係や、仲間との協力においてのみ可能であるが、内的な発達過程を経ながら、後に子ども自身の内的な財産となっていく」（一六ページ）。

二つの点に注目しましょう。

その第一は次のことです。ヴィゴツキーは、子どもの個々の高次心理機能が、最初は集団的、社会的な活動として、次には子どもの思考の内的手段として、舞台に二度現われる、と書いています。これらの二回の「登場」間には、内化の過程、内部への機能の「転換」があるのです。通常人々がまさに注目するのは、何がどのようにしてもたらされるかということです。

とはいえ、別の見方もできます。つまり教育過程それ自体が集団活動でなければならないという考えです！　すなわちこの考えを主張したのはエヌ・カ・クルプスカヤで、まさに二〇年代の多くの教育学的な探求は、この方向で進みました。その後一九三一年以降になると、さまざまな形態の集団教育はすでに問題とされなくなり（だがそれに代わりア・エス・マカレンコによる集団での、集団による教育理念が日常の教育に入り込みました）、ようやく五〇年余りを経て、教育心理学者や教育学者たちが、二〇年代の研究や成果を振り返るようになりました。

第二は次のようなことです。私たちは、教育は教師の予定したことを受動的に理解させることではない、という「教育心理学」のテーゼに触れました。一般に私たちは、教師はレールであって、髪の毛の突っ立った「客車」の動く方向だけを決める、と考えます。どのようにして決めるのでしょうか。この集団活動そのものを通じて、生徒と教師の協同活動を通じてなのです！「教育心理学」の中で、「……教授法そのものが教師に求めるのは……集団主義である」と書かれていますが覚えておいて下さい。

これこそがヴィゴツキーの基本的なまったく現代的に響く考えであり、彼が将来の協同教育学に心理学的もな根拠をあたえたと言えるのです。

つまり、教育―これは、発達ではないが、「子どもの発達過程において、生まれながら備わっていない内的に必要不可欠な普遍的な要因であり」人間の歴史的特性である（一六ページ）のです。

児童学者（簡単に言えば、児童心理学者と教育心理学者）の課題は、「一人ひとりの子どもの頭に、学校教育の過程で、呼びさまされる発達過程がどのように生じるかを、教師たちに明らかにすること」（一八―一九ページ）です。だからヴィゴツキーは、そのような課題のいくつかを解決しようとしているのですが、それについては第七章で述べることにいたしましょう。

ヴィゴツキーの死後出版されたこの書物は、次のような言葉で終わっています。

「教師は教育過程で一連の「萌芽」を創り出す。すなわち、実を結ぶために独自の発達サイクルを経ていく過程を呼びさますのである。当然のことながら、発達過程を避けて、何か新しい考えを子どもに植えつけることはできず、そうするならばその子どもにうわべだけの活動をしつけることとなる。……最近接発達領域を創り出すためには、つまり一連の内的な発達過程を生じさせるためには、正しく組み立てられた学校教育の過程が必要とされる」（一三四ページ）。

したがって、ちょっとしたことなのです。つまり学校の教育過程を正しく組み立てることなのです……。しかしわが国の教育学者たちは、まったく、これに手をつけようとさえしなかったのです。また心理学者たち（エリ・ヴェ・ザンコフ、デ・ベ・エリコニン、ヴェ・ヴェ・ダブィドフ）がこれに取りかかった時には、この仕事を最後までまったくやりとげられなかったのです。心理学史や教育学史だけでなく、歴史においてこのようなことがしばしば生じたように、教育学上の反革命勢力が、ある時期に革命的な学校変革の道に防壁を築いてしまったのです。

このような防壁は、まだ道からすっかり取り除かれていません。でもいつかそれは取り除かれるでしょう。その時に私たちは、ヴィゴツキーの言葉を大きな文字のスローガンにして書けることを信じたいのです。

「発達を先回りする教育こそが、よい教育である」と。

まさに今、ヴィゴツキーの「教育心理学」の再版の準備が始められていますか、それはまったく偶然ではありません！（「教育心理学」の書物は、一九九一年、モスクワ、教育出版所から発刊された。──訳者）

# 第六章　意識の小宇宙

## （思考と言語）

意味づけられた言葉は、人間意識の小宇宙である。

エリ・エス・ヴィゴツキー

言葉は、物事の有終の美を飾る。

エリ・エス・ヴィゴツキー

Л. С. ВЫГОТСКИЙ

МЫШЛЕНИЕ и РЕЧЬ

ГОСУДАРСТВЕННОЕ
СОЦИАЛЬНО-ЭКОНОМИЧЕСКОЕ ИЗДАТЕЛЬСТВО
МОСКВА 1934 ЛЕНИНГРАД

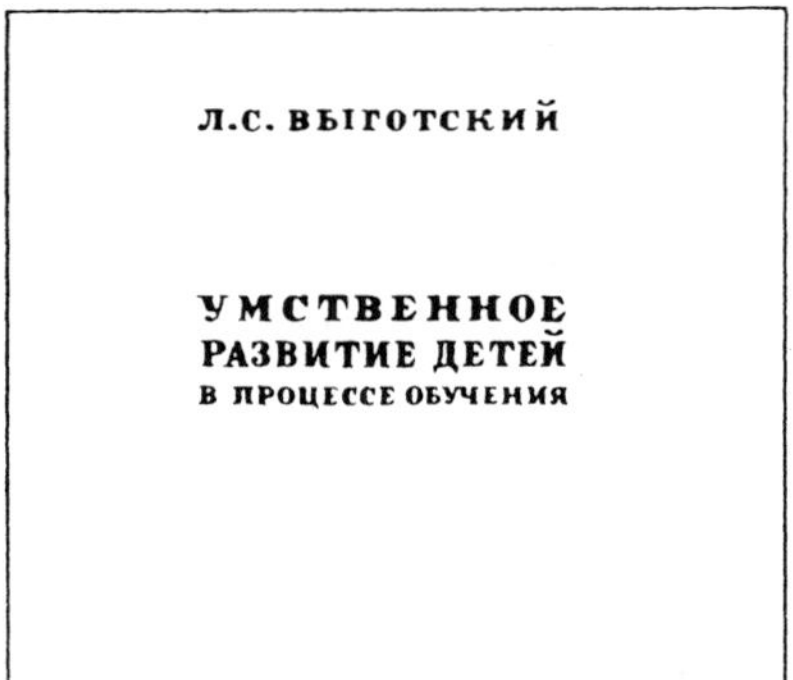

Л.С. ВЫГОТСКИЙ

УМСТВЕННОЕ
РАЗВИТИЕ ДЕТЕЙ
В ПРОЦЕССЕ ОБУЧЕНИЯ

ГОСУДАРСТВЕННОЕ
УЧЕБНО-ПЕДАГОГИЧЕСКОЕ
ИЗДАТЕЛЬСТВО
МОСКВА 1935 ЛЕНИНГРАД

Титулы первых изданий книг Л. С. Выготского

エリ・エス・ヴィゴツキーの初版本

すべてはレオニード・ソロモノヴィチ・サハロフの実験から始まりました。
あなた方は覚えていらっしゃるでしょう。意識についてのヴィゴツキーの最初の論文で、意識には組織的構造のあることがすでに強調されています。ところで文化・歴史理論は、まさにこの構造を明かにしようとし、脳の外（「脳外的」）にある社会的事物―道具、記号―が、どのようにして人間意識の「内部」に直接的に入り込み、意識を再構成し、心理機能（思考、記憶など）を媒介し、それらの機能間に新しく、特別な、人間固有な結合や関係を作り上げるのか、ということを示そうとしました。

実を言うとサハロフの実験は、この考えを証明するために「役立つ」はずでした。もう一つの証明は、もはやア・エヌ・レオンチェフのような記憶の資料によるのではなく、思考の資料によるものです。そのために用いられたのは（かなり修正されましたが）心理学で著名なドイツの研究者アッハの方法でした。ところでその方法は後に、有名な「ヴィゴツキー・サハロフ法」となりました。被験者の前に一連のさまざまな平面図形―円、四角形、三角形、台形など―が置かれます。そのうえそれらすべては、大きさと色が違っています。被験者にある一枚の図形を提示します。その裏側には無意味な単語が書かれています。実験者はこう言います。「さて、残りの図形から、あなたの考えで、それと同じ単語が書かれていると思われる他のすべての図形を脇に寄せてください。脇に寄せましたか？確かめましょう！（図形を裏返す）。もっと同じ課題をやりましょう。また単語を開きましょう」。新しい試行を終えるたびに、裏返された図形の枚数と、それと同時に無意味な単語、つまり図形を表示する記号の枚数が増えていきます。したがって被験者は、絶えず自分の推測を変え、絶えず思案するのです。

ヴィゴツキーがサハロフに提起した課題は明白でした。つまり、記号を一般化の手段として研究することでした。記号が現われ、人間が活動において記号を利用し始める時に、何が変化するかを知ることなのです。

しかし実験の過程で、その結果をそのように説明できないことが分かりました。そこでもう一つの仮説を導入しなければならなくなりました。すなわち記号は、純粋な手段だけでもなく、心理学的な道具だけでもないという考えです。調べてみますと記号は、ただ存在するのではなく、その本質によって、思考や一般化の過程の変化に影響を与えるのです。言いかえれば、被験者に記号の使い方を「たずねる」だけでは不十分で、とりわけその記号の意味を「問い正さ」なければならないのです。

さてそこで、転換が生じました。ヴィゴツキーと彼の弟子たちは、記号の操作を研究する代わりに、記号それ自体をその意味という点から深く研究し始めました。幼い時期の子どもに記号の意味は、どのように生じ、形成されるのでしょうか。また意味は、どのように障害されるのでしょうか。意味は、記憶、思考、言語、想像の過程をどのように媒介するのでしょうか。そもそも、意味は、人間とどのようなかかわりがあるのでしょうか。

この点は、ヴィゴツキーの名づけた文化・歴史理論では、すでに十分ではありませんでした。もちろん、主要な考えは保たれていました。つまり、人間の心理過程や心理機能、人間の意識や思考、情動や意志、記憶や知覚、これらすべてには、社会的な性質と社会的な起源があるのです。しかしそのすべては、当初考えられていた以上に、はるかに複雑であることが分かったのです。

一九二七年にヴィゴツキーは、メモ帳にこう書き込みました。「機能的に異なる二つの刺激を用いて、それぞれ異なる行動を決定する道具的方法の本質[1]」。しかしそれから間もなく一九二九年に刊行された「人間の具体的心理学」の手稿では、すべてがすでに違っています。問題とされるのは行動や対象ではなく、またそれらの操作でもないのです。「それぞれの間に記号が入り込む。つまり人間と、その脳の間に[2]」。記号は、人間が違う行動をするために必要なのではなく、人間そのものが別の人間となるために必要なのであり、その時に人間は、違う行動をするのです。「人間は考えるというならば、尋ねてみよう。どんな人なのか、と。……思考法則は同じでも……その過程は、それが生じる人に応じて、違うであろう[3]」。

「パヴロフは、神経系を電話にたとえているが、人間心理の最大の独自性は、電話と電話交換手のような一体的な結合が見られることである。……電話交換手は心を持たない。では何なのか。社会的人格を持つ人間である。一定の社会的集団の成員としての人間である。一定の社会的な一員としての人間である。……電話交換手（人格）の真なる歴史は、ピョートルとパーヴェルの歴史（マルクス、言語と意識について、参照）にあり、社会的な関係（人間間）の心理学的な関係（人間内部）への転移である。……思考が思考するのでは

1　エリ・エス・ヴィゴツキーの「メモ帳」、モスクワ国立大学紀要、『心理学』シリーズ、一九七七年、№2、九一ページ。

2　エリ・エス・ヴィゴツキーの「未公開の手稿」、モスクワ国立大学紀要、『心理学』シリーズ、一九八六年、№1、五七ページ。

3　同上書、五九ページ。

なく、人間が思考するのである。これが出発点となる観点である」[4]。

基本構想はこれまでどおりでしたが、この構想は人間に、その統一的な人格に、また全体的で不可分な組織的な形成としての意識に「回転した」のです。そしてこの組織性は、人によって異なると考えられたのです。

こんなわけで重要な点は、社会的な関係が心理学的な関係に転移することです。この点に内化、転換化の本質があるのです！

この考えを覚えておきましょう。というのは、私たちはも間もなく再びこの考えに立ち戻り、この社会的関係を検討しなければならなくなるからです。

私たちはヴィゴツキーの後を追い、心理学にとっての新概念、つまり意義の概念に踏み出しました。この概念は、ヴァルシャワとヴィゴツキーが編纂した「心理学辞典」にも載っていないほどの新しい概念なのです。

もちろんこの概念は、言語学にとっては、まったく新しい概念ではありません。この概念は、いうまでもなく中世に言語学そのものが存在したことを考えると、すでに当時の言語学に見られるのです。……またヴィゴツキーは、私たちが知っているように、非常に教養のある文献学者で、言語学の文献や、言語学史をよく知っていました。だから彼にとって意味の概念は、身近で分かりやすい概念であり、彼の著書「思考と言語」の第一ページで書かれているように、「言語の心理学データと言語学のデータとの比較」は、彼にとってたやすいことだったのです。彼は一九世紀のロシアの偉大な言語学者、アレクサンドル・

4　同書、五七〜五八ページ、『マルクス・エンゲルス選集』、第二版、二三巻六二ページ参照。

アファナシェヴィチ・ポチェブニャをしばしば引用し、次のように書いていますが、全く偶然ではありません。「まさにア・ア・ポチェブニャは、言語学史において初めて、意義の心理学的な側面や意義の生成を研究目的として設定し、意義の起源を明らかにしようとした。……彼は言葉が非常に力動的な形成物であり、そこには「分節音」と意義との間に、意味づけ手段としての「表象」(「内的形態」)がある……ことを初めて示した」[5]。またヴィゴツキーは、ウィルヘルム・フォン・フンボルト、ゲ・パウリ、エリ・ヴェ・シチェルバ、イェ・デ・ポリヴァーノフ、エリ・ペ・ヤクビンスキー、ア・ア・シャフマートフ、ア・エム・ペシュコフスキー、デ・エヌ・オフサニカ=クリコフスキー、ゲ・シュハルド、エル・オ・ショル、ア・エリ・パゴージン、エフ・ポラン、エム・エヌ・ペテルソンを引用しています。列挙した人々の内、最初から九人までは、ポチェブニャと同じく、言語学の古典派です(ショルとペテルソンはヴィゴツキーと同時代の人物で、著名でしたが、一九二〇年代、三〇年代のソヴェト言語学者としてはさほどの大学者ではありません)。

ペ・ベ・ショーシンの情報によれば(私に知らせてくれたのは、テ・ヴェ・アフチーナです)、ヴィゴツキーはプラハ言語学研究団体の著作(二巻)を手中にし、現在言語学による言語の音声面についての見解を述べる時、それらの著作を利用したとのことです。そのテ・ヴェ・アフチーナは、ヴィゴツキーの著作と、ミハイル・ミハイロヴィチ・バフチンの書いた「マルクス主義と言語哲学」との間に、文字通りの一致のあることを見出しましたが、興味深いことです。

5 以下の書物からの引用、ナイモーワ・テ・エヌ、「エリ・エス・ヴィゴツキーと一九世紀から二〇世紀初頭にかけての言語学」、『言語コミュニケーション―目的、動機、手段』、モスクワ一九八五年、一〇七ページ。

一九二九年に出版されたこの書物には、特別な説明を必要とします。一九二〇年代末に、バフチンの勤めていた国立芸術科学アカデミー（ГАХН）は激しく非難され、バフチンを含むそこの研究員たちは、ほどなく弾圧されました。おそらくまさにそのためだと思われますが、バフチンの書いた三冊の書物（全部ではないとしても、そのほとんど）は、一九二〇年代末から三〇年代初めにかけて、別名（ペ・エヌ・メドヴェージェフ、ヴェ・エヌ・ヴォロシノフ）で出版されました。メドヴェージェフとヴォロシノフはまったく実在の人物で、バフチンの弟子たちでした。「マルクス主義と言語哲学」は、ヴォロシノフの名前で出版されました。ややっこしいのは、バフチンが原著者であることをみんなが知っているにもかかわらず、この原著者名がどこにも記されていないことです。一九七〇年代になって、ヴィゴツキーとバフチンの考えの類似性について書いたのは、ヴャチェスラフ・ヴェ・イワノフ（参照、例えば彼の書いた「ソ連邦における記号論史概説」、モスクワ、一九七六年）と、著名な言語学者ロマン・ヤコブソンの妻、K・パモールスカです。しかしながらバフチンについて論文を執筆したクラルクとホルヴィストは、ヴィゴツキーとバフチンが出会ったことがなく、お互いの研究を知らなかったという結論に達しました。ジェ・ウェルチ（一九八五年）もそのように考えています。

とにかくヴィゴツキーの学問的、人間的な交際範囲は驚くほど広かったのです。ヴィゴツキーは、セルゲイ・ミハイロヴィチ・エイゼンシュテインとじっ懇の間柄で、しばしばことばを交していました。また彼は、エヌ・ヤ・マロンとも会っていたようです。詩人、オシプ・マンデリシュタムの妻であったエヌ・ヤ・マンデリシュタムはその回想の中で、この詩人とヴィゴツキーの交際について述べています（ヴィゴツキーはマンデリシュタムの詩を、グミリョフの詩と同じく、作者の名を挙げずに好んで引用していますが、無理もありません。というのは、「思考と言語」の書物が出版された当時、マンデリシュタムはすでに拘留されていたからです）。ヴィゴツキーとソヴェトの著名な哲学者カ・エル・メグレリージェの考えの類似点は、特別な問題を提起しています。メグレリージェは、「思考社会学の基本的諸問題」という一冊の書物を執筆しただけですが、その書物は、彼の死後三〇年して名誉回復がなされてから、やっと出版されました。私が問題と言ったわけは、これまで誰もが出版物を通じて一度たりともメグレリージェの考えとソヴェト心理学者たちの理論との関係を分析してこなかったからです。だがメグレリージェの書物が執筆された一九三三年から三四年にかけて、彼の勤務していた同じ施設（公共図書館）にエス・エリ・ルビンシュテインが勤務しており、その図書館から歩いて五分の所にあるレニングラード教育大学でヴィゴツキーが講義をしていたのです。……残念ながら本書では、その類似点のすべてを挙げる余地がありません。それは別の機会に譲ることにいたしましょう。

ヴィゴツキーを訪れたり、彼と親密な交際範囲にいた人々について、さらに述べてみましょう。それは彼の弟子であったレオンチェフとルリヤ、それに若者たちです。しばしば彼の家を訪れた人物として、ボリス・グリゴリエヴィチ・ストルプネルがいました。彼は著名な哲学者で、ヘーゲルをロシア語に翻訳した人物です。ヴィゴツキーの娘、ギタ・リヴォーヴナが私に話してくれたのですが、彼はいつもヴィゴツキーと哲学の話をしに来たり、さらにしばしばチェスをしたりしたということです。とにかくレフ・セミョーノヴィチは、チェスが好きで、なかなか強かったようです。彼の資料コレクションには、モスクワ学者会館から、「チェスは心理学に、心理学はチェスに何をもたらすのか」というテーマで、チェス分科会に出席を求める招待状が残されていました。そこには、著名な心理学者で、当時少なからず著名なチェスの指し手であったべ・イ・ブリューメンフェルトや、もちろんヴィゴツキー……の出場が予定されていました。

さらにレフ・セミョーノヴィチの家には、ゴメリの友人たちもしばしば訪れました。それらの友人たちとは、ヴェ・エム・ワシレンコ、芸術家のア・ヤ・ブィホフスキー、欠陥学者のイ・イ・ダニュシェフスキー、スペイン語学者のヴェ・エス・ウージン……です。とにかくギタ・リヴォーヴナの回想によれば、ヴィゴツキーの狭いアパートはいつも騒がしく、それは当たり前のことでした。そこには、いつもヴィゴツキーの「一族」の人々—両親、姉妹、甥たち—が十一人から一三人も暮らし、たむろしていたのです。……そこへさらにお客というわけです。

その中には、非常に有能なウクライナの映画監督であったレシ・クルバスもいたようです。いずれにせよ彼らは、モスクワでヴィゴツキーと知り合いになり、後にハリコフで出会ったのです。次に挙げるのは、弟子のヴェ・モフセシャンの伝えるレシ・クルバスの言葉です。「……私はレフ・セミョーノヴィチと五時間話し合い、彼の活動の広さに驚いた！なんとスケールの大きい人物なのだ！　では何にびっくりしたのだろうか。彼は、我われ、演劇活動家たちにとって、とりわけ重要なことについて述べた。そう、そうなのだ！　それは、我われがやろうとしていたことと非常に近い。もちろん彼は、演劇の初歩しか知らないアマチュアであるが、直感的にとらえるのである。……これは反射学どころではない」[6]。

ヴィゴツキーはとにかく演劇が好きで、専門家と言えるほど演劇に取りくみました。彼の興味深い論文「俳優の創造性についての心理学的問題」は、一九三六年に出版されたペ・エム・ヤコブソンの「俳優の舞台感覚の心理学」という書物に付して掲載させられています。一九二六年から二八年にかけてレフ・セミョーノヴィチは、ア・ヤ・タイーロフの指導するモスクワ室内劇場の養成所で教えていました（私はタイーロフの妻で、有名な女優であったアリス・ゲオルギエヴナ・コーヘンと個人的な知り合いでした。当時、私が彼女にヴィゴツキーについて尋ねそこなったことは、とても残念です！）。

ヴィゴツキーの娘のギタ・リヴォーヴナは私に、レフ・セミョーノヴィチが若い頃、詩を書いていたと話をしてくれました。それから以後、彼には詩作のための時間が、全く残されていなかったのです……。

……意義の話に戻りましょう。

6　ザポーロジェッ・ア・ヴェ、「監督―レシ・クルバスの回想」、『心理学著作選集』、モスクワ　一九八六年、一巻　三五ページ。

おそらくヴィゴツキーの書いたもので、意義のページほどたくさん書かれたページ（すばらしいページ）はないでしょう。そのすべてを本質を失うことなく、簡潔に要約するにはどうしたらよいのでしょうか。この点についてはヴィゴツキー自身にまかせましょう。彼は一九三三年に、弟子たちのグループに長時間にわたる報告を行ないました。それは七時間以上も続きました。この報告は、「意識の諸問題」というものでした。

ア・エヌ・レオンチェフは次のように回想しています。「……エリ・エス・ヴィゴツキーは、我々が内部会議と呼んだ協議会に、身近な同僚や弟子たちを時どき集めた。その課題は、これまで歩んできた分野を理論的に意味づけし、議論となった諸問題を検討し、今後の研究計画を立てることであった。通常、このような内部会議は、生じた諸問題について自由に意見交換するやり方で進められた。また場合によっては、そのために特に用意された詳細な報告が発表され、検討された。前者においても後者においても、いっさい記録はとられなかった」。でも当然ながら聴き手たち（この場合には、ア・エヌ・レオンチェフ、ア・エル・ルリヤ、エリ・イ・ボジョヴィチ、ア・ヴェ・ザポロージェツ、エル・イェ・レヴィーナ、エヌ・ゲ・モロゾワ、エリ・エス・スラヴィーナ）は、当然、自分用に簡潔なメモをとっていました。レオンチェフもメモをとっていました。そこで私は、一九六八年にレオンチェフの了解と同意を得て（また彼に短い序文を書いてもらい、そこから前述の文章を引用しました）、それらのメモを論文集「文法の心理学」に掲載しました。後にそれらのメモは、ヴィゴツキー選集第一巻に収められたのです。レオンチェフがそれらのメモを清書した時、ア・ヴェ・ザポロージェッツの若干のメモが付け加えられました。私はヴィゴツキーのこの報告の論理を追跡し、必要に応じて、彼の他の著作を参考にしながら、この報告を補足することにいたしましょう。

ではヴィゴツキーが私たちに語ろうとしたことに耳を傾けてみましょう。

「我々は、過去の著作の中で記号に特有な意義のあることが述べられていることを無視してきた。……我々は、意義の不変性という原理から出発し、意義を括弧の外にくくり出してきた。だがすでに過去の研究の中に、意義の問題が含まれていた。以前には、「結び目」(「忘れないために」結ぶスカーフの結び目—著者)と、論理的記憶の共通性を明らかにすることが我々の課題であったとすれば、今の我々の課題は、その間にある差異性を明らかにすることである」(一巻、一五八ページ)。

「我々」のアプローチの独自性とはなにか。「常に分析の基礎に、思考と言葉の関係が変らない……という確信があった。」(一巻、一六〇ページ)。だがそうではない。「意義は、思考から言葉へと至る通路である。」(同ページ)。それは、思考と言葉の間にある。意義は言葉でもないし、思考でもない。それは、「記号操作の内的な構造である」(同ページ)。

言語には、意味論的(意味的)な側面と、位相的(音声的、おおむね外面的、形式的)な側面がある。「それらを結びつけるのは、一体性の関係であって、同一性の関係ではない」(同ページ)。その証拠として、子どもの言葉におけるこれらの側面の発達は、平行して進まない。つまり、子どもの初期の言葉は、もっぱら位相的な言葉である。意味論的には、それは文なのである。

さらにもう一つの証拠がある。つまり、「論理と文法は一致せず」(一巻、一六一ページ)、文法上の主語と述語と、心理上の主語と述語が一致しない。「言語の文法は、思考の文法と一致しない」(同ページ)。

ここでア・エヌ・レオンチェフは、要約メモの中ほどに、同じ話題についてのヴィゴツキーの別の発言を挿入しています。そこには、論理と文法の不一致の例があげられています。つまり、その例とは「時計が落ちた」です。文法的に主語と述語がどれであるかは明らかです(補足すれば、私たちはこれといった理由もなく、このような文の分析を生徒に教えます)。「だが、『どうなったの』、『何が落ちたの』という問いに対する答えとして言う時には、論理的に言って落ちたは主語であり、時計は述語である……」(一巻、一六一—一六二ページ)。

この個所のヴィゴツキーの記述は不正確です。「何が落ちたの」という問いは、まさにそのような結果となります。しかし私たちが「どうなったの」という問いに答えるとすれば、「時計が落ちた」という文全体が、心理学上の述語(述部)であることが分かります。

しかしその他に、次のようなことも述べられています。思考は、言語の文法的な側面、すなわち言語の位相的な側面だけでなく、言語の意味論的な側面とも一致しないというのです。例えば、「『私は悪くない』という考えは、『私はほこりを払いたかった』、『私はその物には触れなかった』、『時計がひとりでに落ちた』などのさまざまな意義として表現されるであろう。」（一巻、一六二ページ）。

行間への書き込み部分が終わり、基本原文から始まります。それ故にヴィゴツキーのメモ帳に再び目を通す潮時です。そこには、私たちの興味をひくことがいくつか見られます。その第一は、エイゼンシュテインの映画……との比較対照です。「字幕に見られる心理学上の述語と主語の働きと、映画の新しい意味論[7]（フレブニコフ）」。もちろん、詩人で、詩的言葉の理論家ヴェレミール・フレブニコフのことを言おうとしています。

第二は、未発表であったア・エヌ・レオンチェフの実験で見られる一つの非常に重要な考えです。その考えによれば、しかるべき意味的論理は、実践的な知的操作でも見られ、その場合でも「主語」と「述語」があるというのです。

ところで、それらの考えは、はたして違っているのでしょうか。そこで前述した報告の初めに戻ってみましょう。そこには、言葉には意義があるだけでなく、しかるべき意味的な論理があるという考えが示されています。ヴィゴツキーは、サルと人間との違いを、特に次の点に見ています。「サルにとって事物は一定の意義を持たず」、棒切れは「道具の意義を持たない」（一巻、一五八ページ）。「事物的な意義」（一巻、一五九ページ）の概念が導入されています。この概念に注意を払いましょう。つまりその概念はまた必要となるで

7 モスクワ国立大学紀要、『心理学』シリーズ、一九七七年、No.2、九三ページ。ヴィゴツキーはメモ帳の中でしばしばフレブニコフについて触れている。

しょう。

基本原文に戻ります。そこには、非常に重要な内言についての考察が見られます。「思考と言語」の書物では、それに特に多くの紙面が当てられています。ヴィゴツキーの重要な考えは、内言が外言から生じるというものです。子どもは初めのうち、大人や子どもと交流する時に、発声して話をするだけです。その後子どもには、いわゆる「自己中心的ことば」[8]が生じます。それは、発声言語ですが、自分自身に向けられた言語です。しかし次には、自己中心的ことばから、内化のメカニズムによって内言が生じます。ヴィゴツキーはこの考えを、ジャン・ピアジェとの論争で展開しました。ピアジェは、内言が外言と最初から「共存している」、あるいは外言に先行しているとさえ考えていました。またピアジェは、自己中心的ことばは、なんら特殊な機能を持たず、単に年齢とともに消失すると考えました。ところでヴィゴツキーは、この論争で次の点を強調しました。「子どもの自己中心的ことばは、子どもの現実や子どもの実践活動や、その実際的な適用と切り離せない宙ぶらりんの言語（このような言い回しは、ピアジェによるものです—著者）である。……この言語は、子どもの知的活動の必要不可欠な構成要素となり……子どものより複雑な活動において、意図や計画を作り上げる手段となり始める」（二巻、六一—六二ページ）。全般的に言ってヴィゴツキーは、活動、実践を過小評価してはならないと述べています。大事なのは、「彼（子ども—著者）が実践の過程でぶつかる現実である。

この新しい要素、つまり子どもの思考発達における現実と実践、またそれらの役割の問

8　他訳として「自己中心的言語」「自己中心性言語」などがある。

題が、全体的な様相を本質的に変える……」（二巻、六二ページ）ことです。

この考えも心にとめておきましょう。私たちは、この考えが非常に重要だと思います。興味をひくのは、後でわかったことですがピアジェは、一九三〇年に雑誌「心理学レビュー」にちらっと掲載された、ヴィゴツキーと彼の弟子たちによる自己中心的ことばの問題についての実験研究に関する短い発表を気にとめていませんでした（ピアジェはロシア語に通じていなかったのです）。そして彼がそれらの研究を初めて熟知したのは、一九六二年に刊行された英訳本の「思考と言語」だったのです。そしてピアジェは、この翻訳本に小冊子を付け加え、ヴィゴツキーの批評に解説を加える必要があると考えたのです。その解説の意味は次のような点にあります。つまり今ではピアジェは、ヴィゴツキーの主な結論にまったく賛同しているが、自己中心的ことばは、伝達的な言語ほど社会化された言語ではなく、機能だけが伝達的な言語と違っている[9]、というのです。けれどもヴィゴツキーが、亡くなってしまっていたことを考えれば、この件は片がついたと思えます……。

「思考と言語」を読み進めていくと、この書物には内言[10]について他にも多くの意見が見られます。内言は、「正確な意味において、ほとんど言葉のない言語である」（二巻、三四五ページ）。また内言における位相的な側面は必要最小限となり、一般に、その位相的な側面は、「もっぱら意味を操作する」（二巻、三四六ページ）。あるいは、こんな見解も見られます。ヴィゴツキーは次のように述べています。エフ・ポランは、言葉の意義と意味を区別した。しかも意味は、「言葉によって我々の意識に生じるあらゆる心理学的な事実の

9　参照、「一般心理学選文集」、モスクワ　一九八一年、一八八ページ。

10　「スローヴァ」の訳語。「単語」と訳す場合もある。以下同じ。

総体」（二巻、三四六ページ）である（実際には、意義と意味は、ポランよりずっと以前にドイツの論理学者、Ｇ・フレーゲによって初めて「分離」されたのですが、ヴィゴツキーは彼の著作をおそらく知らなかったようです）。

意義は潜在力にすぎず、意味の建物の石材なのです。だからヴィゴツキーが考えているように、内言で意味が意義よりも優勢であり、この優位は、数学的にぎりぎりのところまで及ぶのです。ところでこのことから内言における言葉の膠着、つまり「ひっつき」傾向が指摘されています。そのさい個々の言葉の意味は、「あたかも相互に組入れられ、あたかも相互に影響し合う。それゆえに先行する言葉があたかも後に続く言葉に含まれたり、それを変形したりする」（二巻、三四九ページ）のです。

つまりヴィゴツキーによれば、内言は決して音を差し引いた外言ではないのです。外言から内言への移行と、その逆は、「言語の再構造化」であり、「複雑な力動的変換」（二巻、三五三ページ）なのです。

私たちは、内言に「思考への言語の発散過程」のあることに気づきます。

思考は、個々の言葉から成り立っていません。「私が思考を伝えようとすれば次のようである。つまり私は今日、青いジャンパーを着た素足の男の子が、通りを走っているのを見た、という思考である。この場合私は、男の子や、ジャンパーや、その青い色や、素足や、走っている姿を、別々に見ているわけではない。私は統一的な思考行為によって、それらすべてをいっしょにして見ているが、それを言語では個々の言葉に分割する。……思考では即時的（同時的―著者）に保たれることが、言語では継時的（連続的―著作）に展開される。……思考から言語への移行過程は、思考の分割と、言葉によるその再生という非常に複雑な過程である」（二巻、三五五―三五六ページ）。

しかしながら、この書物で明確に述べられているように、思考は最終審ではないのです。「思考そのものは、他の思考からではなく、我々の愛着、要求、関心、意欲、感情、情動……を含む我々の意識の動機的な側面から生じる。……我々が、前述した思考を、言葉の雨を降らせる垂れ下がった雲にたとえ、この比喩的な比較を続けるとしたら、思考の動機を、雲を動かす風にたとえなければならない」（二巻、三五七ページ）。

私が引用する「思考と言語」の終章、つまり第七章には、二つの結びがあります。その一つは、ゲーテの「ファウスト」についての考察です。そこでは、ファウストが聖書の「最初の言葉ありき」を考えながら、反対の結論、「最初に行為ありき」に行き着くのです。そしてヴィゴツキーは、ファウストと同じく、次のように確認しています。「初めにあったのは言葉ではない。初めにあったのは行為である。……言葉は行為の有終の美を飾る」（二巻、三六〇ページ）。

しかし、書物全体にも関わる第二の結びがあります。その意味は、次のような点にあります。「思考と言語は、人間意識の本性を理解する鍵となる」ということです。言語が意識と同じく大昔から存在し、また言語が他の人々や、したがって自分自身のために存在する実際的な意識であるならば、思考だけでなくあらゆる意識全体の発達が、言葉の発達と結びついていることは明かである。……言葉は、意識の個々の機能としてではなく、意識全体において中心的な役割を果たす。言葉は、意識にも存在し、フォイエルバッハの表現によると、言葉は一人の人間ではまったく不可能であり、複数の人間によって可能となる。言葉は、意識の歴史的本性の最も直接的な表われである」（二巻、三六一ページ）。

さらにヴィゴツキーの報告の一つで、次のように述べられています。「……意識の背後には、主体の現実的な諸関係がある。」またさらに次のような考えも見られます。「現実世界との実際的な結びつきと、その結びつきの発達は、意味＝一般化の発達であり、……コミュニケーションである」。特に次のようなただし書きが書かれています。つまり、意味の発達は、単純に理解されているような「実践ではない」というのです[11]。

……私はすでにこれまで、ヴィゴツキーの個々の考えや発言をいくつか選び、それらを今後の分析に委ねました。これにはそれなりの理由があるのです。なぜならば、私たちやあなた方にとって重要なのは、ヴィゴツキーの考えをただ理解するだけでなく、彼の考えの発展や、彼の主張の変化を徹底的に追跡することだからです。またヴィゴツキーの弟子たちによる彼の考えの発展の道筋を知ることも重要です。したがってこれからの章では、ヴィゴツキーの著作のこのすべての個所に、さらに立ち戻ってみます。しかしこの章で、まだいくつかの点に触れておきましょう。

……ヴィゴツキーの意識についての報告の次の部は、彼によって「広く、遠く」と名づけられました。

11　参照、「エリ・エス・ヴィゴツキー生誕九〇年に向けて」、モスクワ国立大学紀要、『心理学』シリーズ、一九八六年、№4、六三ページ。

ヴィゴツキーは、意義が記号に特有である、と述べています。しかし意味は記号にしばりつけられません。また意識は、意味的な構造を持ちますが、「意義的」な構造を持ちません。意味を介して、「言語は意識に変化をもたらす」(一巻、一六五ページ)のです。「意識は、㈠関係認識、㈡共有認識(社会的な認識)である」。要するに、「言語は、意識を交流するための記号である」のです。いったい何が意義を方向づけ、その発達を決定するのでしょうか。それは「意識の共同」(一巻、一六五ページ)なのです。

みなさんはここで、何か変だと思われませんか。このはっきりした言明は、例えば、実践的行為の意味的構造の考えと、どのように結びつくのでしょうか。また子どもの思考発達において実践の役割に気づかなかったというピアジェ批判と、どのように結びつくのでしょうか。しかし、同時に、先に引用した「現実世界との実際的な結びつき」が、実践を通じてではなく、意義の発達を介して意識に影響を与えるという考えと、明確な関連性が認められるのです。またこの書物の第二の結び、つまり人間意識を理解する鍵としての言葉という考えにおいても、同じです。

これは私には、ヴィゴツキーに自己矛盾が始まる唯一の出来事のように思えます。この出来事は、ある意味で悲劇的でした。その結果、一九三三年から三四年にかけて、彼の弟子たちであったハリコフ・グループは、彼から離れていきました。私たちは、さらにこの矛盾について述べることにしましょう。

ところで、一般化とはどんなことなのでしょうか。ヴィゴツキーの答えは次のようです。

「一般化とは、直覚的な構造からの離脱で、思考的な構造、意味的な構造への包含である」（一巻、一六七ページ）。それは、コミュニケーションで生じるのです。つまり、「コミュニケーションへの参加は、個別的、部分的なことを一般化の水準に高める」（一巻、一六六ページ）。

これまで見てきたように、意義は事物知覚の条件であり、部分なのです。また子どもでは、「まさに意義が、意味づけられた世界像の発生に導く」（一巻、二七八ページ）のです。だから要するに、「世界についての表象の……発生史には、その起源として、人間としての実践と、実践で生じる直接的な事物知覚から解放された意義や概念がある」（一巻、二八〇ページ）のです。

この章を終えるに当たって、ヴィゴツキーの見解を最終的に明らかにするために、もう一度、「思考と言語」を振り返ってみましょう。（ここでついでに、科学の貴重な宝となったヴィゴツキーによる分析単位と分析要素の区別を指摘しましょう。単位は、全体特質で、例えば水の分子、$H_2O$ は水の特質ですが、要素ではありません。酸素にも水素にも水の性質はないのです。言葉の意味もこのような単位であり、言語的思考の単位なのです）。そして他の章を省き、第四章「思考と言語の発生的根源」（実はこの章は、すでに一九二九年に論文として発表されています）と、概念の発達を扱った第五章について述べてみましょう。

第四章でのヴィゴツキーの主要なテーゼは、次のようなことです。現代の人間の発生史において思考と言語の発達は、それぞれ異なる道を歩んだが、これらの道はある時点になって交わった。類人猿は、「ある点で（道具の萌芽的な使用において）人間に類似した知能と言語を示すが、それらはまったく違っている……」。類人猿には、「思考と言語の緊密な関係」が認められない（二巻、一〇二ページ）。子どもにおいても同じである。つまり、子どもの言語発達には、「前知的」段階があり、思考発達では、「前言語的」段階がある。

ヴィゴツキーのこの仮説は、その後、彼によってそれ以上に発展をみなかったのです。そのために人々は、言語と思考の「遊離」に対してヴィゴツキーをさも喜ばしげに批判したのです！

第五章は終りの第七章と同じく極めて名高い章です。この章には、子どもにおける概念の発達段階について有名な記述が含まれています（その基礎となっているのは、主にヴィゴツキー・サハロフ法による実験研究です）。

ヴィゴツキーはそこに三段階を認めました。第一段階での概念の内容は（おそらくここで述べられているのは、概念や概念の発達ではなく、意義や意義の発達についてだと思われます）、不定形で無秩序な集合であり、個々の対象の偶然的、状況的な連鎖なのです。子どもは、母親の毛皮の襟（なぜならば毛皮）や、フォーク（なぜならば引っかくもの）や、ニャーニャー鳴く玩具などを同じ単語で、つまり猫と呼びます。第二段階になると、複合、「集合」としての思考が示されます。それらの複合は、対象間の現実的、客観的な結合を基にして統合されています。またこれが、本当の概念が形成される基礎となる結合でないということとは別問題です。ヴィゴツキーは類推として、同じ姓を持つ家族、例えばペトロフ家を引き合いに出しています。もちろん、ペトロフ家の家族全員には、何か共通性がありますが、深い共通性があるわけではありません。その家族の共通性は、ペトロフ家の各人の本質と直接的な関係がないのです。そして最後の第三段階になって、本当の概念が現われるのです。

言葉は、このそれぞれの段階において同じ対象に関連づけられますが、その関連づけの仕方が、基本的に違うのです。

しかし、子どもの概念発達についてのヴィゴツキーのこれらの考察において、最も重要なのは、まさに子どもではなく、青少年や成人なのです。それは次のような考えです。つまり、社会で暮らす通常の人間は、言葉の本来の意味での概念、すなわち科学的な概念を、けっしていつも用いるわけではありません。それらの概念と共に、より早期の発達段階に対応する、いわゆる「生活的」な概念があるのです。それについては次の章で述べることにいたしましょう。

またヴィゴツキーの考えには、もう一つの進展があります。それは、社会的、経済的、精神的な発展段階が異なるさまざまな文化や民族での意味や概念は、違っているという考えです。特異な民族心理学であるこのようなたぐいの考えは、わが国では長いこと禁止され、最近わずか一五—二〇年前から、心理学のこの分野が多かれ少なかれ集約的に発展してきました。ところでその由来は、またしてもヴィゴツキーだったのです。それについては、ヴィゴツキーとルリヤによる「行動史についての試論」(「未開人は、概念ではなく、複合で考える」、上述の論文集―モスクワ、一九三〇年、九九ページ)で語られています。だがすでに一九二九年にヴィゴツキーは、さまざまな民族の児童学(すなわち、児童心理学の諸特性)研究という大計画を意図していました。その計画は、「少数民族の児童学についての学術研究計画の問題について」と呼ばれるものです。

ヴィゴツキーは、子どもの発達する社会・文化的な環境が、子どもの発達にその痕跡を残すと考えています。まさに、「社会環境の形成的な影響」が、「子どもが発達過程で身につける思考や行動の手段を基本的に決定する。その社会環境こそが、遺伝的素質とあいまって練習と発達の可能性を基本的に決定する。イスラム民族を例として挙げれば、その民族では何百年にもわたって、あらゆる造形活動、あらゆる描画が禁止されてきた。この民族の子どもたちに、ヨーロッパ諸国の就学前児の特徴といえるような造形的機能(描画)の十分な発達を期待できないのは、まったく明白である」[12]。

しかしヴィゴツキーには、このテーマについてまだもう一つの著作があります。それは未刊であっただけでなく、彼の著作リストでも触れられていない著作で、選集第六巻に収められているものです。それは報告速記録の謄写印刷(タイプライター用紙で一六ページ)として存在します。私はそれを、今は故人となったヴィゴツキーの二人の弟子―ア・エヌ・レオンチェフ、エリ・イ・ボジョヴィチーの私的な資料コレクションの中で見つけました。その題名は、「文化的に特有な民族についての心理学研究の方法論的な基礎について」と

No.12 「児童学」、一九二九年、3、三七七ページ。

なっています。この報告が、何時どこで行なわれたかのか分かりません。しかしかなり確実と思えるのですが、この報告は、一九二九年にヴィゴツキーが中央アジア国立大学の東洋学部の児童学・教育学科（「系」）で講義をしに数か月間タシケントに出かけた時に、そこで書かれ、報告されたものでしょう。それは多くの点で前述した論文と一致していますが、不一致なところもあります。

この報告には、非常に現代的に響く個所があります。それは次の個所です。「私は今、立ち遅れた民族の中で、政治的、啓蒙的、文化的な仕事への実際的なアプローチをするに当たって、いかなる場合でも思考様式のしかるべき発達に十分な注意を払わざるを得ないということに、あなた方の注意を向けたい。次のことを想像してみよう。私たちはさまざまな民族の世界観を変えなければならないし、またその民族性に、現実世界や人間社会や人間の課題について、別の考えを植え付けていかなければならない。また我々は、自らの（?――著者）思考を変えなければならない。だがその内容を変えるためには、それと共に、思考様式の変化を必ず着実に追求しなければならないという事情を考慮していない。思考の形式的な側面それ自体が、高度な段階に高められなければならない。そのためには、空の容器に液体を注ぐというのではなく、外部の一定の内容が人格の内的要素となるようにしなければならない」（手稿の十一――一二ページ）。

思考様式と高次の心理機能全般についての文化・歴史的制約性と、肝心な、それらの機能と社会の歴史的、社会的発達との関係についてのヴィゴツキーの仮説は、ウズベキスタンの辺境地域で行われたア・エル・ルリヤの二回にわたる調査（一九三一年、三二年）によって確かめられました。すでに私は、ヴィゴツキーの手紙について述べた時に、これらの調査について触れました。次のことだけを付け加えておきます。つまり、これらの調査結果をめぐる悪意ある取り沙汰が、それらの資料の出版を妨げ、そのために、それらの資料は四〇年を経てやっと印刷されたのです。

この章で私の述べたヴィゴツキーの思想から何一〇年も経って、その思考からどんな結果が得られたのか、今話をする時がやってきました。

大祖国戦争の時期にア・エル・ルリヤは失語症の研究に取り組み、一九四七年に「外傷性失語症」という表題の初版本を出版しました。ルリヤはこの書物に引き続いて一連のすばらしい書物を著し、それらは外国語に翻訳されました。そのことによって彼は、外国で最もよく知られた（そうでないかもしれません！）ソヴェト心理学者の一人となったのです。後にルリヤは、一貫した新しい学問―神経言語学―について述べています。しかしこの学問の起源は、ヴィゴツキーの「思考と言語」という書物にあったのです。

一九六〇年代半ばからソヴェト連邦では、新しい学問分野―いわゆる、心理言語学―が集中的に発展し始めました。その分野は、言語と言語操作の相互関係を研究するもので、その本質は、どのように「思想が言葉で示される」のかということと、理解のさいに、どのように「言語の思考への拡散過程」が進むのか、という点にあります。そして、私たちがこの学問分野の基礎を築き始めた時（ところで私は、この学問の源流とされたのですが）、私たちは、私たちのアプローチを外国の心理言語学派から区別するために、それを当時「言語活動理論」と呼びました。つまり、言語発生の連続的段階（動機―考え―意義による媒介―「外的」言葉による媒介）というヴィゴツキーの考えは、ノウム・チョムスキーの生成文法理論のような現代の西側の理論よりも、はるかに多くの実験資料に「根ざし」、はるかに多くの事実を説明できる最善のものなのです。だから今日までソヴェト心理言語学は、ヴィゴツキーの考えを基礎にして発展し続けているのです。

一九七〇年代にア・エヌ・レオンチェフは、「世界像」の概念を研究し、彼の死後（一九七九年、一月に死亡）、その概念は多くの心理学者たちに広く知られ、支持されるようになりました。この概念の基礎には、意義を基礎にして人間に形成される「意味づけられた世界像」というヴィゴツキーの考えがあります。

またこれは、書物「思考と言語」に記述された言葉、言語、意識の研究が生み出したわずかな分野にすぎません。

# 第七章　新機軸への突破口

意識はただ一つの手段によるのではなく、さまざまな手段によって現実を映し出す。

エリ・エス・ヴィゴツキー

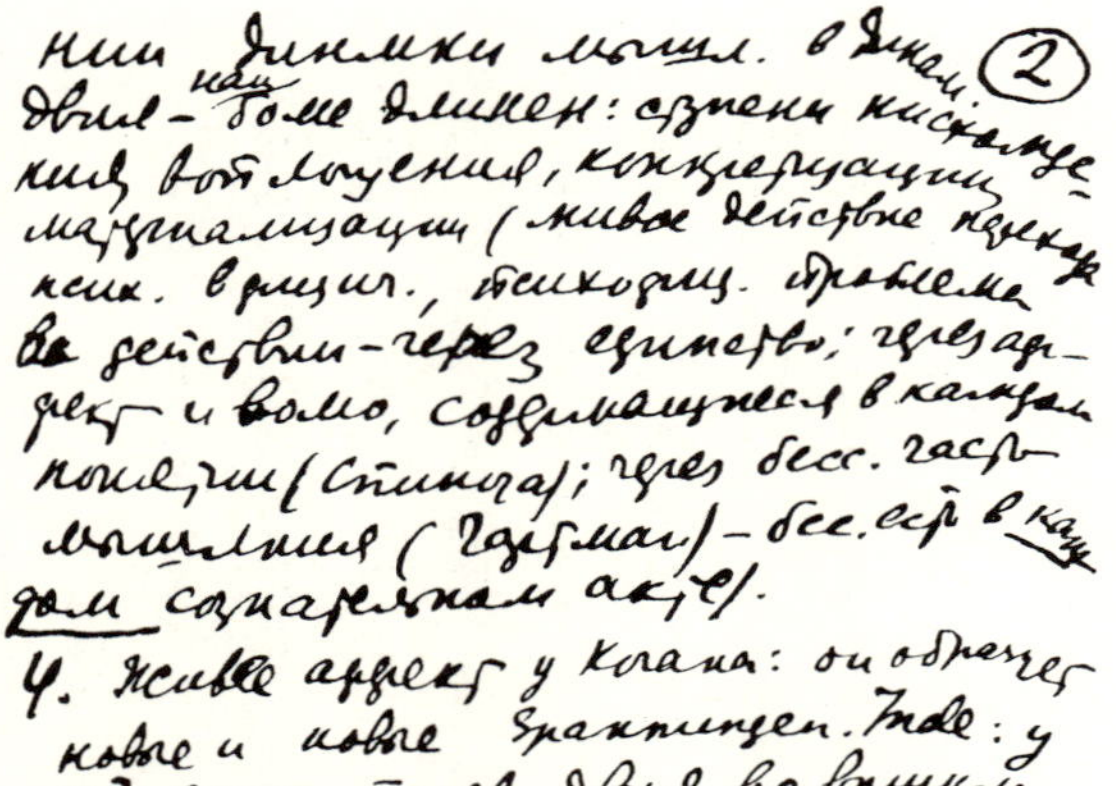

Рукопись Л. Выготского. Это — заметки, которые Л. С. Выготский делал для себя

エリ・エス・ヴィゴツキーが自分のメモ用に書いた原稿。

レフ・セミョーノヴィチ・ヴィゴツキーの晩年の生活を見ていきましょう。彼の余命はわずかしか残っていませんでした。まさにこの時期に、彼は急がなければならないと感じていたかのように、驚くほどたくさん執筆し、出版しています。考えてみてください。わずか一九三一年から三四年の間に、大部な「高次心理機能の発達史」や、「未成年者のための児童学」、「心理学講義」、また子どもの発達についての書物（残念ながら未完）、未完の手稿「情動学説」、「思考と言語」のかなりの部分、連続講義「児童学原理」、「青年期の児童学」、「教授過程における子どもの知的発達」の書物に収められている若干の研究を執筆したり、講義（後に速記録によって出版されました）をしたりしたのです。これらはきわめて重要な仕事―連続講義や著作―を列挙したのにすぎません。しかし論文や個々の講義はいったいどれほどあることでしょうか！（速記されなかったり、私たちが手に入れられなかった講義や講演がいくつかありました……）。亡くなるまでの最後の何か月間、ヴィゴツキーはしばしば速記者の手を借りました（例えば「思考と言語」のかなりの部分は、彼によって書かれたものではなく、まさに口述筆記によるものです）。

この晩年の時期のヴィゴツキーの生活は尋常ではありませんでした。ヴィゴツキー学派の砦であった共産主義教育大学は一九三〇年に不興を買い、一九三一年にレニングラードに移され、改名されました。ルリヤやエス・エム・エイゼンシュテインと共に、全ソ国立映画研究所で芸術心理学の研究活動をしていたア・エヌ・レオンチェフも、控えめに言って心もとなくなり始めました。突如、二つの中央紙（「文学新聞」、「ソヴェト映画」）に、「観念論者とトロツキー主義者の巣窟」という特異な名称の「雑報記事」が現れたのです。その結果、レオンチェフは全ソ国立映画研究所から追放され、その仕事は中途で終りました。ちょうどこの時期、つまり一九三〇年末に、ウクライナ人民健康委員部（当時の委員長はエス・イ・カントローヴィチ）は、ウクライナ精神神経研究所（その後一九三二年に全ウクライナ精神神経アカデミーに改組）に、心理学部の設置を決めました。そしてこの部長にルリヤが、児童心理学と発生心理学科の長にレオンチェフが任命されました。だがまもなくルリヤはモスクワに戻り、ハリコフ（当時、ウクライナの首都はキエフではなく、ハリコフでした）では、レオンチェフが部長となったのです。それと同時に、モスクワからア・ヴェ・ザポロージェツとエル・イ・ボジョヴィチが赴任してきました。

ヴィゴツキーは当初から人民健康委員部との交渉に加わり、自分も弟子たちと共にハリコフに移ろうと計画していました。それには彼が働いていた二つの主要な研究所—心理学研究所（これについてはすでにお話しました）と、彼の作り上げた愛すべき実験・欠陥学研究所—の状況の悪化も彼を駆り立てたのです。しかしながらウクライナの人々によって提示された条件がすばらしいように思われたにもかかわらず、結局彼はどういうわけかハリコフに移ろうとしませんでした。父、ア・エヌ・レオンチェフは、驚いた表情をして私に言いました。彼が気乗りしなかったのは、自分でもわけがわからなかった、と。

もちろん最初に頭に浮かぶ考えは、ヴィゴツキーがハリコフ・グループの学問的主張を受け入れなかったので、そのグループと何の関係も持ちたくなかったということです。だが実際は、ハリコフの連中とヴィゴツキーの考えの不一致は、かなり後のことで、つまり一九三一年、特に一九三三年になってはっきりしてきたのです。最初の頃、ハリコフの連中はみな一丸となってヴィゴツキーの考えに沿って研究をしていました。だからグループを再統一しようとするヴィゴツキーの意図は、それらの不一致が特にはっきりしたちょうどその時期のことなのです。つまりヴィゴツキーがハリコフに行かなかった原因を、何か他に見つけなければならないのです。

だがいずれにせよ、彼は適当な機会を利用して、いつもハリコフまで行き来していました（すでに述べたように、ヴィゴツキーはハリコフ医科大学で通信教育を学び、時折そこで試験を受けていました）。

ヴィゴツキーにとってモスクワで平穏に暮らし研究することは不可能でした。だから彼は事実上レニングラードに転居し、そこで毎月一〇日ほど暮らしたのです。例えば一九三二年の三月から四月にかけて、レニングラード教育大学で連続講義をしました。それは選集の第二巻に掲載されています。ヴィゴツキーの著作リストには、彼が一九三二年の十一月と一二月、それに一九三四年の二月、三月、五月にレニングラードで行った講義が含まれています。一言で言えば、彼は家族が暮らし、公式に仕事を続けているモスクワからレニングラードの間を、ほとんどいつも行き来していたのです。

次のテ・ア・ヴラソワの回想は、ちょうどこの時期――一九三一年から一九三二年にかけて――のことでした。「レフ・セミョーノヴィチは一年間にわたる講義をするために、途方もない報酬でアメリカに行く招待状を受け取りました。彼はためらうことなく、自分がソヴェト心理学について考えていることの全てを解決するためには、あまりにも時間がなさすぎると返事をしました」。

死の直前の一九三四年の春に、ヴィゴツキーの提唱によって、全ソ実験医学研究所の指導部と交渉が始まりました。ヴィゴツキーはこの研究所を基盤として、ハリコフの連中を含む自分の学派すべてを再統合しようとしたのです。それはこの研究所で受け入れられなかったのですが、ヴィゴツキーの死後、レオンチェフとルリヤだけがこの研究所に移りました。といっても児童学の政令が出された以後、レオンチェフはこの研究所にいられなくなりました……

……しかし話を一九三〇年に戻しましょう。

この年はヴィゴツキーの非常に興味深い著作、「子どもの発達における道具と記号」が書かれた年です。ところがこの著作は五〇年以上も手稿のままにされてきたのです。形式的に言うとこの著作の諸研究の多くは、書かれた時期から見て思考と言語についての彼の諸研究より以前のものですが、私たちが思考と言語の諸研究をすでに調べた後にこの著作について述べるのはそれなりのわけがあるのです。

この著作には何が書かれているのでしょうか。

この著作には、道具と記号の関連、実際的知能と言語的（ヴァーバルな）知能との関連が書かれています。

一定の年齢の子どもの特徴は、言語と行動があたかも一体化して融合していることです。「子どもは、単に自分のしていることを話しているのではなく、この場合、子どもにとって話すことと行動は、課題解決に向けられた統一的な複雑な心理機能である」（六巻、二二ページ）。また課題が複雑になればなるほど、言語の役割は大きくなり、初めは外的なコミュニケーションとして、それに続いて自己中心的な言語として、最後に内的な言語としての役割を果たすようになるのです。

子どもは言葉によってこれまで以上に自由に行動ができるようになり、さまざまな可能性を選び取ることができるようになり、自分の手元にない必要とする事物を行動に取り込むことができるようになります。子どもは自らの行動を言語で計画立て、それからその計画を現実化します。特にこれが人間的特性なのです。

だが言語は、子どもの自己認識や自分固有な行動の獲得を助けます。

子どもにおける道具的活動の発達は、いったいどうして生じるのでしょうか。最も重要なのは、「道具の使用と結びつけて実践課題の解決法を話す子どもは、言語と行動を一つの構造に統一し、こうして自らの行動に社会的要素を導き入れる……」（六巻、三〇ページ）ことです。

高次の心理的諸機能は、新しい性質を獲得します。それらは構造の点で随意的なものとなります。

「……言語を用いた行動のために生じる時間的な範囲は、後方だけでなく前方にも広がるのです。記号、つまり言語は、「将来の行動場面を現在の状況で想像したり、現在の場面で行動を組織する際に、将来の行動場面それらの影響を実際にもたらしたり」するのです。これは「現在と将来の諸要素を結びつけるまったく新しい条件（現実に知覚される現在の状況の諸要素は、象徴的に思い描かれる将来の諸要素と共に、一つの構造系に組み込まれる）を作り出し、行動にとってまったく新しい心理学的な領域を作り出す。つまり意図や、あらかじめ計画された目的のある行動を形成する機能が出現するのである」（六巻、四九ページ）。

この行動の動員は動機であり、あるいは有名な心理学者、クルト・レヴィンの用語による「準要求」です。「準要求を形成できるようになると、子どもは操作を分解できるようになり、それを個々の部分ごとに独立した課題に変え、言語を用いてそれを意図的に定式化する」（六巻、四九ページ）。

しかし子どもには、解決しなければならない実際的な課題だけでなく、「言葉によるコミュニケーション、読み、書き、計算、描画といったような外的で象徴的な活動形態もある。われわれはそれらの活動形態を、以下に述べるような特別な行動形態として何より先に考えてみたい。つまりそれらは、子どもの社会・文化的な発達過程で形成され、また文化的な発達形態を示す実際的知能、知覚、記憶といったような内的路線と並んで存在し、象徴活動の外的な発達路線を形成するのである」（六巻、五一―五二ページ）。

本書の読者で、かつて心理学を学んだことのある人々は、ヴィゴツキーが「道具と記号」

という書物で、どのような概念に到達したのか、すでにお分かりのことと思います。その概念とは活動です。活動は目的的なもので、とりわけ動機づけられたものです。活動は内的な心理構造を持っています。活動は実際的であったり、象徴的（さらに後の用語によると、理論的）であったりします。しかしながらヴィゴツキーは「活動」という言葉そのものを、この著作でまったく理路整然とは使っていません。彼はその用語を「行動」や「操作」の意味で述べたりしているのです。おそらくそれは、彼がその用語をまだ十分に学びとっていなかった点に問題があると思われます。その用語は、一九二〇年代の別の著名な心理学者、ミハイル・ヤコヴレヴィチ・バーソフによって用いられ、特に彼によってこの用語が精力的に広められました。まさにバーソフが、この用語をヴィゴツキーとまったく違った理解をしていたとはいえ、活動の構造について述べた最初の人物でした。

ヴァルシャワとヴィゴツキーによる「心理学辞典」に、まだ「活動」の項目がないのは注目に値します！

同じ一九三〇年に、ヴィゴツキーのさらにもう一つの重要な著作があります。それは「子どもの労働活動と知的発達の関係について」というものです。この論文は最近再版されたので、私はそれについて述べるつもりはありませんが、定式を一つだけ指摘しておきましょう。すなわち「活動の組成、構造、手段という視点からの」[1]行動の考察です。「思考と言語」でのピアジェ批判に立ち戻り、やや詳しくこの批判について述べてみましょう。「現実と、この現実に対する子どもの関係の欠落、つまり子どもの実際的活動の欠落、

1　「年齢心理学と教育心理学についての選文集」、モスクワ、一九八〇年、一一七ページ。

まさにそれがこの場合の根底にある。ピアジェは、子どもの思考の社会化それ自体を、実践を無視し、現実から切り離し、思考の発達に導く精神の純粋なコミュニケーションとして考察している。真理の認識と、この認識を可能にする論理的諸形態は、現実の実際的な獲得過程で生じないとされる……」(二巻、七四—七五ページ)。

さらにピアジェは、子どもの思考と発達を「……現実の獲得に向けられた子どもの社会的実践をまったく考慮せずに……意識の純粋なコミュニケーションから」(二巻、七五ページ)引き出しているのです。

最初この論文は、一九三二年に出版されたピアジェの書物の序文でした。つまりおよそ一九三〇年か三一年の初め頃に書かれたと思われます。

ところで実際はどうなのでしょうか。「ジャン・ピアジェは、子どもの身の回りの事物が知力を作り上げないと主張している。だがわれわれは、現実の状況において子どもの身の回りの事物が知力を実際に作り上げるのを見てきた。身の回りの事物、これは現実であり、その現実は子どもの知覚に受動的に反映されるのではなく、また抽象的観点から子どもに認識されるのでもなく、子どもが自らの実践過程でぶつかる現実なのである」(二巻、六二ページ)。

同じ時期の一九三〇年に、翌年発行の「未成年者の児童学」が執筆され、一九三一年に出版されました。そこでは活動の動機の諸問題が分析されています。ヴィゴツキーは「人間の活動は……統一的で力動的な志向傾向と興味に構造的に組み込まれ、調整される」[2]と

2 「未成年者の児童学」、モスクワ、レニングラード、一九三一年、『課題』、№9～16、一八七ページ。

書いています。そして彼が特に重要と考えては、この思考と興味の客観的な性質でした。「ヘーゲルは述べている。何らかの事物に対して活動を示す者は、その事物に興味があるだけでなく、その事物によって動機づけられているのである。……欲求がある場合には、我々の外部に誘因的な性質を持つ一定の事物や過程が存在する。……我々の周囲の事物は、我々にとって中立的ではない……。

……我々の環境にある事物は……あたかも我々に一定の行動を求めたり、行動を呼び起こしたり、心をひきつけたり、遠ざけたり、指図したり、誘ったり、拒んだりするかのようである。事物は欲求そのものに対して受動的ではなく、能動的な役割を果たしている」[3]。

このことから心理学の仲間たち（本書の読者にそのような人々がいるとすれば）は、アレクセイ・レオンチェフの動機の対象性の理論を思い出すのではないでしょうか。

ヴィゴツキーのさらにもう一つの発言を、レオンチェフだけのものと思われている考えと比べてみましょう。つまり「人間の人格は活動の階層であり、決してそれらの階層のすべてが意識を伴うわけではない」（五巻、三〇二ページ）という発言です。彼にも「主導的なタイプの活動」（おおよそ就学前の年齢段階における遊びに相当します）という概念があるのです。

こんなわけで、子どもの思考とすべての心理が、実践活動、つまり「現実の実践的な獲得過程」に根ざすという活動の概念が明瞭に示されているのです。

言うならばヴィゴツキーがこの「現実の実践的な獲得」の内的な機構を明らかにしたの

3　同書、一八九〜一九〇ページ。

は、たった一つの研究だけです。それは彼がレニングラード国立教育大学で行った遊びについての講義の速記録です。思考が事物から分離するのです。より正しく言うと、ヴィゴツキーは、思考ではなく意義、つまり事物の意義が事物から分離すると明確に述べています。棒切れが馬になります。棒切れ、つまり別の事物がなければならず、それが事物から意義が分離される支えとなるのです。これまで事物と事物の意義（意味）との間に一つの関係（事物が主で、意味が従）があったとすれば、今度は別の関係（意味が主となる）が生じるのです。第二の事物、つまり棒切れ以外にこの過程の条件となるのは、実際の事物を扱う実際の行動です。

「子どもは遊びにおいて事物を意味のある事物として操作し、事物に代えて言葉の意味を操作する」。「実際の馬から切り離された馬の意味と、棒切れへのその転移……また棒切れを馬として扱う実際の行動は、意味の操作に導く必要不可欠な移行段階である。……このことから概念、つまり事物概念の機能的定義があり、このことから言葉は事物の一部である」。

しかしそれに続いて第二のパラドックスが登場します。「行動は背景に退き、支点となる。つまり別の行動によって、再び意味が行動から切り離される」。これはどうして生じるのでしょうか。「……可視的分野つまり現実の事物と結びついていない、意味的分野における運動によって、実際の事物と実際の行動のすべてが支配される」からです。

しかし遊びは、日常生活で生じることの一種のネガです。「彼（子ども―著者）の現実生活での行動は、言うまでもなく意味を支配する」。そこにこそ遊びの意味があり、遊びにおいて「子どもは、自らの行動を意識し、事物それぞれに意味のあることを意識するようになる……」。

ここでの引用文は、ア・エヌ・レオンチェフの資料コレクションにあるエリ・エス・ヴィゴツキーの「遊び」についての講義の速記録からのものです。デ・ベ・エリコニンは、以前にこの文書を出版しました（心理学の諸問題、一九六六年、第六号）が、私は原文を用いています。なぜならばヴィゴツキーのこれらの考えは、根本的に重要であるからです。

今私たちは、ヴィゴツキーの考えが二方向に分かれる交差点に差しかかっています。すなわち一方は、「現実の実践的な獲得」であり、他方は、意味が子どもの活動、つまり人間の活動全般に特殊性をもたらすという意味的分野についての考えです。この点は学校教育の問題であり、それらの問題は一九三〇年代初めに、ヴィゴツキーによって新しいレベルで、つまり彼の著書「教育心理学」で述べられていることとはいささか違ったレベルで解決されました。実をいうと彼の考えは原則的に少しも変わっていませんでした。というのは、私たちが覚えているように、当時からヴィゴツキーは、「歩行」は「自分の足でしか学べない」、学校は「行動の学校」でなければならない、学校は子どもに考えることを教えるのであって、知識を詰め込んではならない……と主張していたからです。しかし、わずか亡くなる二、三年前になって、彼はまさに教授過程の意味が、子どもにさまざまな種類の活動を形成することであるという明確な考えに行き着いたのです。同時にそれ、つまり教授は、内的結合によって統合された発達過程を活性化することなのです。

私はすでに第五章で、死後に出版された（一九三五年）ヴィゴツキーの最後の書物、「教授過程における子どもの知的発達」を引用しました。この書物は、彼の弟子たち、つまりエリ・ヴェ・ザンコフ、ジェ・イ・シフ、デ・ベ・エリコニンによって編集されました。ここで私は、この書物についてさらに詳しく述べることにいたします。

この書物には七つの研究（論文と講演の速記録）が含まれています。それらの大部分は一九三三年と三四年に書かれています。

この書物の主要な考えは、第五章ですでに示されています。つまり、教授は発達の先回りをしなければならないという考えです。私たちはヴィゴツキーのさらにもう一つの原則的な命題を覚えています。すなわち、初めのうちは大人の協力がなければ達成できないことが、後になると自主的活動によって達成できるようになるという考えです。これは、有名な「最近接発達領域」の考えでもあるのです。「集団活動で模倣を用いて何かをなし得る子どもは、大人の指導によって、はるかに多くのことができるようになり、それに加えて理解して行なえるようになる……」（一二三ページ）。それは回転化、内化であり、単に「外から」「内へ」の動きではなく、それはまた共同活動から自主的活動への動きでもあるのです。

教授過程それ自体は、年齢差に応じて違ってきます。「早期（三歳まで—著者）の子どもは、子ども独自のカリキュラムで学ぶ。学齢期の生徒は、教師のカリキュラムで学ぶ。だが学齢前期（幼稚園段階—訳者）の子どもは、多少なりとも教師のカリキュラムに子ども独自のカリキュラムを取り入れることによって、学ぶことができる」（二二一ページ）。あるいは、ヴィゴツキーが別の箇所で述べているように、学齢前期の子どもは、「自分のやりたいことをするが、私がやろうとすることもしたがる」（二二一ページ）のです。

この「教師のカリキュラム」は、一体どのようでなければならないのでしょうか。生徒たちは学校に入学し、教えられ始めます。しかし「子どもに社会科や算数や自然科学を教授するためには、子どもに数・量についての若干の一般的表象や、あるいは自然についての一般的な表象や、社会についての若干の一般的表象が必要とされるのではないか。それらすべてのまさにそのような一般的表象がなくて、学校で教科教授を始めることは不可能である」（二一九—二二〇ページ）。この一般的表象を作り出すのは、就学前教育の仕事です。そのさい重要なことは、この年齢の子どもたちが、すでに自分自身で世界、社会、人間についての「理論」を作り出そうとすることです。私たちの課題は、子どもが世界像を正しく作り上げたり、言語芸術の世界を見出したり、系統的な教授そのものを受け入れたりできるように支援することです。

しかし年齢の違う子どもたちの教授は、違った方法で行なわれなければなりません。外国語を例に挙げましょう。八歳の子どもが外国語を学ぶ方が、二歳半の子どもが母語と同時に外国語を学ぶよりも難しいのです。問題はすべて次の点にあります。つまり八歳の子どもは、二歳半の子どもとはまったく違う別の原則に従って他の言語を学ぶということです。

ヴィゴツキーの書いている絶対的成績と相対的成績はきわめて重要です。彼はこう述べています。私たちがあなた方と共に、二学年か四学年に入学したと思ってください。「私は、我々の誰もが絶対的成績から見て、その学年の生徒の中で一番になると思う。つまり……おそらく我々はあなた方と共に、学校の絶対成績で一位となるであろう。しかし我々は、学校で何を身に着け、何を学ぶのだろうか。我々がそこに入学した時と同じ知識を持ったまま出て行くことは明らかである。相対的成績、つまり一年間で獲得した成績から見て、我々が一位であるどころか最低であることは明らかである。確信を持って言えるのは、この学年で相対的成績が最低の生徒であっても我々より上であるということである。したがって我々はこの例から、何ら絶対的成績が相対的成績の証明ではないことを知る」(三二ページ)。

あるいは別の例が挙げられています。学校入学時に、一分間に二〇単語の速さで読むことのできた生徒が、一年間の教育の後に一分間三〇単語の速さで読めるようになりました。またある生徒は入学時に一分間に五単語の速さで読むことができましたが、一年して一分間一五単語の速さで読めるようになりました。絶対的成績は前者の生徒の方がよいのですが、相対的成績では後者の生徒の方がよいのです。つまり後者の生徒は、読みの流暢さが三倍も増大したのです！

皆さんご存知のように、ほとんどすべての学級に成績が二点の生徒たちがいます。しかし彼らのほとんどは、絶対的成績だけから見て成績不良なのです。そこで実際に調べてみると、彼らは二つのグループに分けられます。つまり絶対的成績だけが二点のグループと、残念ながら相対的成績も二点のグループです。この後者の生徒たちが補助学校の実際の候補者なのです。つまり彼らだけなのです！

言うならば、逆のこともしばしば見られます。つまり絶対的成績では学級の他の生徒たちよりもよさそうなのです。……だが相対的成績では他の多くの仲間の生徒たちよりも遅れている生徒たちです。

この相対的成績は、一体どういうことと関係があるのでしょうか。ヴィゴツキーの諸研究は、生徒の知的発達水準と非常に奇妙な関係のあることを示しました。最も「未発達」な生徒たちが相対的成績の模範者でした。第二位となったのは中程度の発達群です。また最下位を占めたのは高い発達群の生徒たちで、彼らは「名誉の上にあぐらをかいている」のです。

要するに「学校にとって重要なのは、子どもがすでに学んだことよりも、学ぼうとする能力なのである」（四五ページ）。ところで「子どもの学ぼうとする能力」を決定する手段は、教師の手中にあるのです……。

今度は個々の教科の教授、つまり個々の能力の発達について述べてみましょう。外国語から始めましょう。ヴィゴツキーは、言語の早期教育の支持者と反対者の論拠を理路整然と分析し、次のような結論に達しています。すなわち、ごく早期の年齢であっても二言語併用は、一般的に子どもの正常な発達や、特に母語の上首尾な獲得を少しも妨げない。ただしそれは、単なる人々が異なる言語を子どもに教え、子どもが異なる環境（家庭自宅や戸外）で、異なる人々と話す場合である。しかし「子どもの二言語併用が成り行き任せにされるならば……悪い結果をもたらす」（六四ページ）。

これはごく早期の子どもの母語の獲得についてだけ言えるのであって、学齢期の生徒たちには当てはまりません。ヴィゴツキーは別の書物、「思考と言語」で、学齢期の生徒について書いています。

彼の考えによると、生徒たちによる外国語の習得過程は、基本的特徴として、母語の習得過程と逆の過程をたどるのです。しかし同時にそれらの過程には、相互に内的な共通性といえるものがあり、また書き言葉の獲得過程（これについては後で述べます）とも共通性といえるものがあるのです。外国語の習得は「長期の発達過程で生じる母語のあらゆる意味論的側面を利用する。したがって生徒に対する外国語の教授は、その基礎として母語の知識に支えられている」（二巻、二〇三ページ）。しかし興味を引くのは逆の作用、つまり外国語の母語に及ぼす影響です。「……外国語の獲得は、より意識的な随意的な言葉の利用という意味において、言語様式の意識化、言語的現象の一般化、また思考手段や概念表現として、子どもの母語を高い段階へと引き上げる。外国語の習得は、いわば代数の習得が算数的思考を高い段階に引き上げるのと同じように、子どもの母語を高い階段へと引き上げる。つまり代数の習得によって、あらゆる算数操作が代数操作の特別な場合として理解されるようになり、それがより自由で抽象的で一般化されたものとなり、まさにそのことによって、具体量についての考えがより深く豊かなものとなる。……外国語の習得もそれと同じであるが、まったく別の道をたどり、子どもの言語的思考を具体的な言語様式や言語的現象の隷属から開放する」（二巻、二〇三ページ）。

ヴィゴツキーのこれらの考えは、すでに一九二二年から二三年にかけて書かれたエヌ・カ・クルプスカヤの見解と相通じています。そこには次のように書かれています。「母語の理解の深化は、外国語の平行学習によって達成されるに違いない」。また別の箇所で「外国語の文法は、その言語を理解するためだけではなく、自国語、つまり母語を理解するためにも必要である」[4]と書かれています。

やや後でヴィゴツキーは別の面から外国語の習得を考察しています。彼は次のように書いています。「子どもは母語を無自覚に、また無意図的に習得するが、外国語は自覚と意図から始まる。……前者（母語―訳者）では、まず初めに初歩的で低次な言語特質が生じ、その後でのみ言語の音声構造や文法様式の自覚や、言語の随意的な構成と関連した言語の複雑な諸様式が発達する。後者（外国語―訳者）の場合には、まず初めに自覚や意図と関連した高次の複雑な言語特質が発達し、その後でのみ自発的で自由な外国語の利用と関連

4　クルプスカヤ、エヌ・カ、「教育学選集」、一〇巻本、モスクワ、一九五九年、三巻、四三ページ、七二ページ。

したより初歩的な諸特質が生じてくる。

……外国語が影響力を示す場合には、子どもの母語の力を弱め、逆に母語が影響力を示す場合には、外国語の力を弱める」(二巻、二六五ページ)。

ヴィゴツキーはこれらの考察において、ただ漫然と書き言葉に言及しているわけではありません。彼は書き言葉にとりわけ注目しているのです。著作、「教授過程における子どもの知的発達」に立ち戻ってみましょう。

「わが国のこれまでの書き言葉の教授は、自然に生じる子どもの欲求にまだ基づいておらず、外部から教師の手によって与えられ、言うならばピアノ演奏のような技術的な習熟形成を思い起こさせる」(七四ページ)。ではどんな要求なのでしょうか。それは、描画、身振り、最後に遊びの欲求です。子どもにおけるこれらすべての能力や欲求の発達は、書字教授のための子どもの「成熟」を保障するのです。ヴィゴツキーのこれらの考察で見られる非常に重要な要素は、残念ながら学校での書き言葉の教授実践で実現されていなかったのです。彼によれば、それはいわゆる表意文字の利用です。それは子どもに、任意の文を構成するそれぞれの言葉をそれぞれの絵に「書き込ませる」のです。「例えば、『私には羊たちが見えません。だがそこに羊たちがいます』という文は、それぞれの絵に次のように書き込まれる。人物(私)、目隠しをしている(見えない)、二頭の羊(羊)、人差し指と、何本かの樹木の向こうに羊たちが見える(だがそこに羊たちがいる)」(八四ページ)。この方法は何を意味するのでしょうか。言語と、それを構成するそれぞれの言葉が自覚されることによって、言葉が音によって構成されるという自覚への移行がさらに容易となるのです。だからこれは、書き言葉や読みを獲得する条件なのです。

ところでヴィゴツキーは読みについて非常に正しい指摘をし、これまで読みについても「非常に複雑な性質の心理過程としてではなく、複雑な感覚運動的な習熟として」（八九ページ）研究されてきたと述べています。またとりわけ重要な点は、読みの視覚メカニズムの働きが理解の諸過程に支配され、それらの過程が言葉の意味関係を作り上げる非常に複雑な能力である、ということです。

ヴィゴツキーは本書のこの章で用いた膨大な資料から、四つの実際的な結論を導いています。その第一は、書字教授を就学前の年齢に移した方が適切であるということです。「わが国での書字教授は、心理学的な面から見て、疑いもなく遅すぎる」（九〇ページ）。（私たちは、六歳児教育に移行したときに、この命題を実現しました）。第二は、「とにもかくにも読み」、「とにもかくにも書字」を教えることの無意味さです。「……書字は子どもにとって理にかなったものでなければならず、その場合には子どもの自然な要求や欲求が引き出されるはずである。書字は、子どもの生活上の必要不可欠な課題を取り入れなければならない。そのような場合においてのみ我々は、書字が手や指の習熟ではなく、実際に新しく複雑な種類の言語であるという確信を持てるようになるであろう」（九一―九二ページ）。第三は、書字教授が自然的でなければならないということです。「……最も優れた読みと書字の教授法は、子どもに書き方と読み方を教えない方法であり、これら二つの習熟が遊びの対象とされるような方法である。……描画と遊びが……子どもの書き言葉の発達における準備段階とされなければならない。教師は子どものこれらの行為のすべてを、また書き言葉の手段から別の手段へのあらゆる複雑な移行のすべてを組織しなければならない」(九三ページ)。第四として、ろう教育では、最初に話し言葉を教えるのではなく、書き言葉―読みと書字―を教えなければならない。彼らにおける話し言葉は、書き言葉を読ませることによって構成されなければならないのです。

その書物の次の章は、生徒の生活概念と科学概念の発達に当てられています。この問題を研究した人物は、ヴィゴツキーのレニングラードでの弟子、ジョゼフィーナ・イリーニチナ・シフ(イェ・イ・ルドニェーワによれば、彼女は一九三七年までその研究を続けたとのことです)で、一九三五年に立派な書物、「学童における科学的概念の発達」を執筆し、刊行しました。言うまでもなくヴィゴツキーの序文が付されています。また「思考と言語」においてもこの問題に多くの紙面が割かれています。

機能化は、機能する対象が何であるかに依存するとヴィゴツキーは述べています。また意味についてどのような操作を行なえるかということも、意味それ自体の発達水準に依存するのです。これが序文です。

しかし重要な点は、子どもに二つの違った種類の概念(あるいは、意味)、つまり自然発生的な概念と科学的概念があることです。子どもは前者、つまり生活的概念をすでに就学前に獲得し、よく習得しています。科学的概念は、子どもが学校に入学して初めてぶつかるもので、ほとんど習得されていません。

もちろん両者の違いを絶対視してはなりませんが、ヴィゴツキーは次のように考えています。「子どもが何らかの科学的な知識体系を初めて学ぶというまさに学校教育の事実は、子どもに前者の概念が生じる条件と明確に違っているように思える。それゆえに、それらの概念の発達の道筋は異なるであろう」（一〇一ページ）。またそれどころか、外国語と母語の場合のような対立が見られるのです。子どもの自然発生的（生活的）概念では、その概念の言葉による認識と解明の可能性が後になって生じますが、科学的概念では、この概念の言語的な規定から、またこの概念の認識と解明から始まるのです。

科学的概念の発達それ自体は、「子どもが生活的概念において一定の水準に達した時においてのみ可能となる」（一一一頁）のです。また相互の移行は単純ではありません。子どもの頭の中では、同一の事物（例えば、水）について、非常にしばしば生活的概念と科学的概念があたかも同居しているかのようです。

さらに次のことを理解することも重要です。なぜならば「直接的な概念教授は事実上不可能で、常に教育的に無益である。この方法を試みようとする教師は、言葉の空疎な習得や不毛な唯言語主義《ヴァーバリズム》以外には、子どもの持っている適切な概念を促進したり再現したりすることを通常なんらできず、実際はそうすることによって自己のむなしさをごまかしているのである。このような場合子どもは、概念ではなく言葉を習得し、思考よりも記憶に頼り、習得した知識を意図的に応用するあらゆる試みにおいて無力となる。本質的に言って、概念のこの教授法は、純粋にスコラ哲学的な、また純粋に言語的な教授法であり、生きた知識の獲得を生気のない空疎な唯言語主義的な構想に置き換えてしまい、あらゆる非難を受ける基本的な欠点を持っている」[5]からです。

「子どもが自分にとって新しい言葉の意味を初めて知る時に、概念の発達過程は終わるのではなく、それは始まりに過ぎない」[6]。本質的に言って、そもそも科学的概念は植え付けられたり、覚え込まされたり、暗記させられたりするものではなく、子どもの思考の張り詰めた活力を用いることによって生じ、形成されるのです。でもやはり科学的概念は、まだ頭脳の発達が初期段階にある子どもでは未熟です。「子どもにおける漸次的で内的な意味の発達は、また言葉それ自体の成熟に導く。トルストイは、『概念があると、ほとんどいつも言葉がある』と述べているが、それと同時に我々は、言葉があると、ほとんどいつも概念があると見なした」[7]。

さて最後に、「教授過程における知的発達」という書物の終章を取り上げましょう。この章には、「教育課程の児童学的分析について」という題名がつけられています。ここでヴィゴツキーは、最も一般的ないくつかの教授問題を提起し、再び話し言葉と書き言葉の相互関係や、読みの教授過程や、文法教授などに立ち戻っています。この章で重要な点は何でしょうか。

それは次の点にあります。すなわち、読みや書き言葉の教授、また母語（音声的、文法的側面）の教授は、すべて一つの傾向に従い、すべて「内言を軸として回転する」という

5　ヴィゴツキー・エリ・エス、「学齢期における科学的概念の発達についての問題―作業仮説を構築する試み」、シフ、ジェ・イ、『学童における科学的概念の発達』、モスクワ、レニングラード、一九三五年、四〜五ページ。

6　同書、六ページ。

7　同書、一七ページ。

のです。以前に直接的（具体的）、不随意的で、無自覚的であったものが、抽象的（知的）、随意的で、自覚的なものとなるのです。「学校では、抽象化それ自体を教えず、また随意性それ自体を教えない」（一三二ページ）。しかし子どものそれに応じた心理過程の発達は、読み、書き、言語、算数、自然科学、社会科の教授過程によって呼び覚まされるのです。

ヴィゴツキーはこの書物の最終ページで次のように述べています。「子どもにおけるタイプライターの教授と、書字教授の違いを明らかにしてみよう。それらの違いは次の点にある。私がタイプライターを習い始めるとしたら、職業資格を得られるにしても、高次の水準に達しないであろう。子どもは技能を獲得するだけではなく、彼の言語への関係構造のすべてが変化するのである。つまり言語は無自覚的なものから自覚的なものとなり、あるがままの技能から、自分の求める技能となる。……子どもには、自分自身の言語に対して、従って思考形成の基本的手段である言語に対して、まったく別の関係が生じる。書き言葉は、まだ子どもに十分に成熟していない機能を必要とする。これらの機能は、書き言葉の教授過程で形成されるのである……」（一三四ページ）。

この章で述べられているいずれかの個々の命題に賛成したり反対したりする人々もいることでしょう（例えば、彼のハリコフの弟子たちは、すでに早くから生活的概念と科学的概念の対置を疑問視してきました）。しかしそれらの一切合切が、学校教授を作り上げるまったく新しい道を示していると認めざるを得ません。またこの道が誰かの言いなりになって理解も受け入れられもしなかったことは、驚きでもあり、不思議なことです。といってもすでに一九三〇年代初めから、特にナジェジダ・コンスタンチーノヴナ・クルプスカヤが亡くなった一九三九年以降から、わが国の学校では、まともで斬新などんな考えも生き残れなかったのです。三〇年代の初めと、四・五〇年代に出版された教授法の比較は非常に興味を引きます。一九三四年には二種類の教育学の教科書が出版されました。そのうちの一種類は、エム・エム・ピストラークによって書かれたもので、次のように述べられています。「我々は、最も一般的な意味で教授法とは、生徒に知識を伝達し、技能と習熟を発達させる手段である、と考える。教授法―これは、教師の手中にある道具であり、教師が生徒に働きかける手段であり、教師の指導の下で行なわれる生徒の学習手段である」。またペ・エス・シムビリョフは、教授法を「教師が生徒に科学の基礎を獲得させるために、彼らの学習を組織し、方向づけ、また学習を指導する時に用いる方法である」と考えています。ここには、ヴィゴツキーや、二〇年代の一般教育学や児童学的な心理学の影響が容易に見て取れます。だが一九四六年にそのシムビリョフは、イ・テ・オゴロドニコフと共に、まったく違った用語や文体を用いて次のように書いています。「教授法とは、教師が生徒たちの意識性と能動性に基づきながら、彼らに知識・技能・習熟で武装させる手段、あるいは方法を言う」。一九五七年のデ・オ・ロルドキパニジェによるさらに意味ありげな定義は次のようです。「我々が生徒たちを無知から有知へと導く……方法」[8]。

　こうしてこれまで私たちは、「武装」の道に沿って「導いている」のです。……この何一〇年間の教育学それ自体の学問的退廃は驚くばかりです。かつて思想が脈打っていた所

8　参照、ピストラーク、エム・エム、「教育学」、モスクワ、一九三四年、一三四ページ。
シンビリョフ、ペ・エヌ、「教育学」、モスクワ、一九三四年、八七ページ。

オゴロドニコフ、イ・テ、シンビリョフ、ペ・エヌ、「教育学」、モスクワ、一九四六年、一四〇ページ、ロルドキパニジェ・デ・オ、「教授の原則、組織、方法」、モスクワ、一九五七年、一一三ページ。

以下の書物から引用した。ベンドロフスカヤ、エル・ベ、「ソヴェト教授法史概説」、モスクワ、一九八二年、五二～五三ページ。

に、尊大で空虚な言葉が残りました。また創造的な探求のあった所に、すべてを一律に扱う機械的な均一化が残りました。そしてこのすべての頂点にスパルタ式の教育学が現れました。それは当時、ソ連邦教育省の次官、ヴェ・エム・コロトフが考案者で代弁者であった「教育学的な要請論」で示されています。

時々私にはこんな印象が生じます。今私たちが、二〇年代から三〇年代初めにかけてのヴィゴツキーや、その他の著名な教育学者や教育心理学者の著作を復刊しても、今の教育理論家たちは、それらをまったく理解できないのではないか、ということです。彼らは長年にわたって、自主的に、また創造的に考えることをやめていたからです。

# 第八章　高層心理学（ヴィゴツキー最後の春）

エスセ・ホモ（人間の心理）
自らの心を保とうとする者は、心を失い、自らの心を捨てようとする者は、心を保つ（高層心理学と深層心理学の違い）。

エリ・エス・ヴィゴツキー
メモ帳より（一九三二年）

心理学での我々の意見。表層心理学によると、意識現象は客観的現実と同じではない。しかし我々は、深層心理学とも対立する。我々の心理学、それは高層心理学である（それは人格の「深層」ではなく、「高層」を決定する）。

エリ・エス・ヴィゴツキー

一九三三年の冬から三四年の春までに書かれたヴィゴツキーのさまざまな手稿が二〇ばかりあります。私はその中から四編を取り上げます。

その第一は、大部（五百ページ）なモノグラフ「情動学説。歴史・心理学的研究」です。この論文は、ヴィゴツキー選集第六巻で初めて完全な形で出版されました。唯一残されている著者証明記録によれば、この論文が書かれたのは一九三三年のことです。しかしながらア・エヌ・レオンチェフの証言によると、この手稿の研究、いずれにせよその手稿の検討は、それ以後も続いたとのことです。この書物は未完成なのです。

その第二は、死後出版された知的遅滞についての手稿です。

第三は、ヴィゴツキーの亡くなる一月半前、つまり一九三四年四月二八日、全ソ実験医学研究所の会議で行われた報告です。それは「高次心理機能の発達と崩壊の諸問題」と題されるもので、一九六〇年に発刊された著者論文集「高次心理機能の発達」に掲載されただけです。なぜだかこの報告は、ヴィゴツキー選集に収められていません。

最後に挙げる第四の手稿は「心理学と、高次心理機能の局在化についての学説」という報告要旨です。これはヴィゴツキーが一九三四年の春にハリコフで開催された第一回全ウクライナ精神神経学会に寄せたもので、彼の死後すでに刊行されています。

私の課題は、ヴィゴツキーの晩年の著作が未完であったわけを理解し、一九三四年六月に彼が亡くならなかったとしたら、彼がどんな方向に向かったのか想像してみることです。

この課題を解決するためには、ここで挙げた諸研究を読むだけでは不十分です。言ならば少しばかり準備作業をしておかなければなりません。まず本章の題辞から始めましょう。Ecce homo、この言葉は、ヨハネの福音書を信用するならば、イエスに出会ったポンティ・ピラトの述べた言葉、「この人を見よ」です。これこそ真なる人間だ！　まさにこれこそ人間である……。そして括弧で括られている二語の強調は、おそらくヴィゴツキーの誤りだったに違いありません。その二番目の言葉、つまり人間の心理の人間だけを強調するべきだったのです。

すでに私が先に引用した一九二九年の手稿「人間の具体的心理学」を思い出してみましょう。すなわちこの手稿の意識、活動、高次の心理機能系などの箇所に、初めて人間、その人格が現れるのです。だが「芸術心理学」を取り上げるならば、もちろん初めと言えないのですが。しかしいずれにせよヴィゴツキーの意識論は、この時期に力強い二本の枝を出しました。つまり活動論（これについてはすでに第七章で書きました）と人格論です。すなわち「人格は人格生物学にない、あるいはないと思われる結合を確立しながら、個々の心理機能、システム、層、階層の役割を変える……。

最も重要なのは、人間は発達するだけでなく、自らを構成することである……。

人間とは何なのか。我々にとってそれは、社会的人格であり、個人に具現された社会的関係の総体である……。

……実際的な面から見ると心理の本質は……対象との意図的（意図性とは、対象への意識の方向性、あるいは対象への心理の方向性―著者）関係である。デボーリンは、内容のない思考は空虚であると述べている（……したがって我々は、思考を研究する際、対象との関係を研究する）」。

人格は「高次の機能と共に生じる本源的なもの」[1]なのです。

ヴィゴツキーは、フランスのマクルス主義心理学者、ジュルジュ・ポリツェルによる演劇と心理の比較を取り上げ、さらに一つの興味深い考え、つまり（裁判官と医者の）社会的役割という考えを持ち込みながら、この比較を展開しています。すでにこの時期に、この考えが学問にありました。それはポーランド系イギリス人の民族学者で、社会心理学者でもあったブラニスラフ・マリノフスキーや、アメリカの哲学者で心理学者でもあったジョージ・ハーバード・ミードに見られるのですが、未発展のままにとどまりました。だが重要なのは、この考えが二〇年後の世界の社会心理学でこれほど大きな位置を占めるとは、まだ誰も思っていなかったことです。しかしそれはともかく、ヴィゴツキーはこの考えを用いています。例を挙げましょう。

私たちの前に裁判官がいるとしましょう。ここでの関係は感情（分母）と思考（分子）です。「人間として共感し、裁判官として有罪の判決を下す」。一方にの夫がいるとしましょう。彼の関係は逆となり、思考（分母）と感情（分子）です。「私は彼女が悪いことを知っているが、彼女を愛している」（六一ページ）。

両者の場合に演劇的状況が生じます。したがって「裁判の概念として心理を述べてはならないが、演劇の概念として心理を述べてもよい」（六二ページ）のです。これこそ本当

1　エリ・エス・ヴィゴツキーの未出版の手稿で、「モスクワ国立大学紀要」、『心理学』シリーズ、一九八六年、№1、五八〜五九ページ。

の弁証法的アプローチです！　そしてこの部分でヴィゴツキーはデボーリンを二回、マルクスを何回にもわたって引用していますが、無理もありません。

そのすべてに照らして、二番目の題辞がまったく明らかになります。それを完璧に理解するためには、「深層心理学」が何であるかを知らなければなりません。それは意識下の非合理的な過程を最も重視し、残りのすべての心理活動をそこから引き出そうとする（この意味でジグムンド・フロイトの学説も深層心理に属します）心理学派です。そして現象を研究し、現象を本質と偽る「表層」心理学、これは例えば行動主義です。「深層」心理学は、「過去にあった事が、事の本質であると認める。意識下の現象は変わらない……」（一巻、一六六ページ）のです。言い換えれば、深層心理学は基本的に反社会的で、反歴史的です。だから我々の「高層」人格心理学だけが、真に科学的、社会的、また歴史的なものであるとされるのです。

そこで今度は最初の題辞の第二節も明らかになります。「自分の心を保とうとする」者とは深層心理学のことです。この心理学は、「心」の最初からの一体性、不可分性、また意識下の心理という考えに固執し、そのことによって科学的な理解への道を閉ざしているのです。しかし「高層」心理学は「心を捨てようとし」、心の単位、心の形成過程の分析を行い、最終的な総合をし、「心」の本性を新しいレベルで、またその社会的な被制約性と真なる弁証法によって理解することができるのです。

中間的なまとめをしておきましょう。心理の社会性は、人間の個々の心理機能、あるいは意識が、社会的、文化的性質を持っているということだけではありません（その点が一番重要ではないのです！）。それは、意識や個々の心理過程を支配する人間的人格の社会的起源や社会的本性にあるのです。

この原則的な歩みはすでに一九二九年に意図され、死の直前まで続きました。私はここに、いわゆる「古典的」な変形である「文化・歴史学派」ときわめて異なるヴィゴツキーのまったく新しい思想発展段階を見出せると思います。またそれゆえに、ヴィゴツキー自身がこの歩みをどのように評価していたのか、特に知りたいのです。

私たちにはそれを知る機会があります。というのはア・エヌ・レオンチェフがある論文の中で次のように述べているからです。

「……私はエリ・エス・ヴィゴツキーが、どのように自らの学問への貢献を評価していたのかを示す自分のために残した書き込みを、偶然手に入れた。死の直前にレフ・セミョーノヴィチは、クーノ・フィッシャーのデカルトについての書物を、私から借りていったことがあった（いろんなことから判断して、おおよそ一九三二年から三三年頃だったと思われます。ヴィゴツキーは「情動学説」の中で、この書物を引用しています──著者）。その後、この書物は返却された。いつだったか私は、その書物の余白に、鉛筆で書き込まれたヴィゴツキーの注釈を見つけた」。

著者は次のように書いています（ロシア語版、四三二ページ）。「（思想体系の）改造では、いくつかの発展段階を区別できる。今その最も重要ないくつかの段階を指摘しよう。最初の第一段階で、指導原理が部分的に改造される」。ヴィゴツキーの注記は「私の研究だ！」。続けて著者は「だが基本体系におけるこれらの変更にもかかわらず課題が解決されないならば、次の第二段階へと進み、原理の完全な改造に取り組まなければならない……」と書いています。ヴィゴツキーの注記は「将来の課題」となっています。

また著者は「新しい道への目的追及が、それでもなお達成されなければ、基本問題を変更したり、すべての問題を改造したりして課題を解決しなければならない。そのような改造は一大変革であり、新時代である」と書いている。ヴィゴツキーの注記は「遠い将来の課題」[2]となっています。

真の学者であったヴィゴツキーは、実験的、理論的な仕上がりが比較的に完成している複合体だけを研究と呼びました。そして実際に彼が三〇年代初めまでに行なってきた（だが晩年においても幾分かはしてきた）ことは「指導原理の部分的な改造」でした。しかし後に彼は「高層」の段階に踏み出したのですが、残念ながらその新しい仮説を深く論拠づけることができなかったのです。それらの仮説がもっと発展したならば「原理の完全な改造」に到達し、ヘーゲルやマルクスの弁証法で言われているような新しい質的水準に「止揚」されたことでしょう。まさにされゆえにヴィゴツキーは、将来の課題として新しいアプローチの検討と論拠を示したのです。彼は自分の投げかけたすばらしい、だが仮説としてのこれらの考え（私たちが見てきたように、おおよそ自分のために書いた手稿として残された）を、まだ研究と呼ぶことができなかったのです。

2　レオンチェフ・ア・エヌ、「ソヴエト心理学の成立における意識問題のための闘い」、『心理学の諸問題』一九六七年、№2、二二ページ。

ヴィゴツキーには「すべての問題の改造」という大まかな計画も見られます。第二章に戻り、彼が「心理学的危機の歴史的意味」の中で、将来の科学的な心理学について書いていることを見てください！

こんなわけで私たちには三〇年代を境として、客観的にも主観的にも（すなわち、ヴィゴツキー自身にとっても、彼の考えが新しい段階に入ったと考える論拠があります。この段階において、彼はまず初めに活動論を作り上げました。だがヴィゴツキーは、それについて基本命題を述べておきながら、不思議なことにその後ほとんど活動問題に触れずに別の問題に集中します。まず第一にそれは人格論です。だがそれだけではありません。もっと正確に言えば、すでに一九二九年に初めて大まかに計画された人格論のために、知性と感情の総合というより具体的な理論が作られました。あるいは、彼が一九三三年の意識について報告を述べている「活動と体験の関係」（一巻、一五七ページ）です（なぜかヴィゴツキーについて書いている誰一人として、私が第六章で述べた意味概念とこの理論とを関連づけようとしませんでした。だがそれらの共通性は明らかです）。

広く知られているヴィゴツキーの著作の中で、一つの著作だけがこれらの問題に触れています。私は「思考と言語」を念頭においています。その第一章を手がかりにしてヴィゴツキーの主要な考えを引用してみましょう。

「周知のように、感情的、意志的な面から我々の意識の知的面の分断は、あらゆる伝統的な心理学の基本的で根本的な欠点の一つである。それによれば思考は、思考が思考するという自律的な流れに必然的に帰せられ、思考は躍動する生命から、思考する人間の生き生きした動機、関心、欲望から完全に切り離される……。

……決定論的な思考分析は、考えの動きを何らかの方向に向ける考えの動因、つまり要求、関心、動機、意図の解明を必ず前提とする……。思考を感情から切り離した者は、心理生活の感情的、意志的な面に及ぼす思考の逆影響の研究をあらかじめ不可能にした……。

……感情過程と知的過程の統一である力動的な意味のシステムが存在する……。あらゆる観念には、その観念で表象される現実と人間の感情的関係が変形された姿で含まれている……」。ここでの論点は、「人間の要求と動機から、一定の思考方向へと向かう直接的な運動と、思考の行動から、行動の力動や人格の具体的活動へと向かう逆方向の運動を解明すること」(二巻、二一―二二ページ)なのです。

ようやく今、私たちはヴィゴツキーの「情動学説」を手に取り、その書物でのヴィゴツキーの考えの経過を追跡する時が熟しました。

なぜヴィゴツキーはスピノザの感情論に注目したのでしょうか。

私がすでに述べたように、スピノザはレフ・セミョーノヴィチの最も好きな哲学者の一人でした。だが問題はそのことだけにあるのではありません。デボーリン学派のマルクス主義「弁証法学者」たちの考えによると、スピノザはヘーゲルの主要な先覚者であり、ヘーゲル弁証法の前ぶれでした。だからまさにヴィゴツキーの「高層」の書物でのスピノザへの呼びかけは偶然ではないのです。ここでのスピノザは、人間人格についての弁証法的アプローチの象徴なのです。

ヴィゴツキーは、さまざまな心理学的な情動論、とりわけ人間の情動活動を生理学から導き出す「器量的」情動論を詳細に分析しています。次のような問題提起がなされました。何が一次的で、何が二次的なのか。大まかに言うと、人間はつらくて悲しいから泣くのか、あるいは泣くのでつらくて悲しくなるのか、ということです。ヴィゴツキーは次のように答えています。「諸研究はまったく動かしがたい事実の論理によって、次のことを示している。共通で画一的な器質的基礎に、情動状態それ自体にとって特定の基礎が少しも含まれていない。またその基礎は、疑いもなく非感情的な性質を持つ他の多くの状態とまったく一致する」（六巻、一一一ページ）。また第二の主要な結論とは以下のことです。つまりここには因果関係がないのです。問題設定それ自体―悲しいから泣くのか、あるいはその逆―が、大きな間違いなのです。そのようなきわめて単純な関係ではないのです。

既存の情動論には唯一の正しい萌芽があります。つまり情動は、「まず第一に、行動を一定の方向に向ける志向である」（六巻、一二三ページ）という考えです。それ以外の考えはすべて捨てなければならないのです。なぜならば「現代の情動心理学で生じたことは、チェーホフの演劇のある主人公、つまりよぼよぼの老人が、窓で釘を打ち付けられた廃屋に置き去りにされ、『人を忘れたぞ！』と言う絶望的な叫び声に、とりわけうまく示されている」（六巻、一二六八ページ）からです。

情動は知性と同じく、統一体としての人間の意識と人格に結びついているのです。「……

天才的なアリギェール（ダンテ―訳者）の意識を構成した神学的（神学者的―著者）、政治的、美学的、科学的着想のアンサンブル全体をあらかじめ仮定しなければ、女性のシルエットの単純な知覚が果てしない器質的反応を自動的に呼び起こした結果として、ダンテのベアトリーチェに対するような愛情が生まれたとは認めるわけにはいかない。

……すべての情動が人格の関数である……」（六巻、一八〇ページ）。

だからこそヴィゴツキーは、まさにスピノザの理論に問いかけているのです。スピノザは、二元論者のデカルトや、当時の多くの心理学者と違って、人間的感情の唯物論的な説明のために戦っています。残念ながらスピノザの著作の分析は実行されず、したがって私たちはヴィゴツキーがその後書こうとしたことを推測できるだけです。私は第六巻の発行者がその中に、私がすでに触れた彼の論文、「俳優における創造心理学の問題」を含めくめたのは、非常に正しかったと思います。なぜならばこの論文には、その後のヴィゴツキーの情動論文での彼の思想展開を示すヒントがあるからです。特にそこでは次のように述べられています。「情動は、それ以外の精神活動の諸現象と比べて例外ではない。情動は他のすべての心理機能と同じく、心理の生物学的な組織化によって初めにもたらされる結合のままではない。社会的な感情生活の過程で、それらの以前の結合は発展し、崩壊していく。情動は精神活動の他の要素と新しい関係を結び、心理機能の新しいシステム、新しい一体化をもたらし、特有な法則性や相互依存性、また特有な結合や運動の諸形態を支配する高次な秩序の統一をもたらす」（六巻、三二八ページ）。

情動だけでなく意志も歴史的に制約され、それぞれ異質な「心理機能の一体化」となっていくのです。

知性と感情の意味的統一も、そのような一体化であり、高次の秩序の統一なのです。私たちが念頭においている統一についての思想は、ヴィゴツキーの思想と言語についての考察に由来しています。思想の基礎には、動機のシステム、体験のシステムがあります。したがって意味は、常に体験の刻印を携えているのです。しかし同時に体験は、意味、意識全体に支配され、それらに色づけられているのです。

ヴィゴツキーの晩年の著作にも、知性と感情の統合を取り上げたもう一つの著作があります。私はその初版[3]を用います。なぜならば特に選集第五巻でのその再版が、原典から見て不十分だからです。

ヴィゴツキーは次のことに注意を向けています。つまり、疑いなく知性を持ち、高等なサルに属するチンパンジーでは、「原初的な形態の知的活動が、人間の知的行動と何か違った形で感情や意志と結びついている。……発達過程で、知的機能そのものだけでなく、知性と感情の関係も変化し、改善されていく。この点にすべての問題の革新がある」（二一ページ）。

さらにヴィゴツキーはクルト・レヴィンを批判し、彼が感情から知性を導き出し、思考を「感情によって反映される影である」（一三ページ）と見なし、また意識や人格との結びつきから意志を切り離している、と述べています。では実際はどうなのでしょうか。

3　ヴィゴツキー・エリ・エス、「知的遅滞の諸問題」、『知的遅滞児』、モスクワ、一九三五年、初版、今後の引用文のページ数は、この書物による。

二つの力動的な機能の統一、つまり思考と実際活動の統一があるのです。「……ある種の活動であり、独自な性質の特有な力動を持つ思考……それとまったく同じように特有な独自のシステムを持ち……同じくらいに一定の型と特質を持つ実際活動」。そのさい常に見られるのは、「流動的な思考力動の硬くこわばった行動力動への移行、またその逆の移行」（二六ページ）なのです。

さていよいよ主要な考えにアプローチしてみましょう。「我々の行動は原因がなくて生じることはなく、一定の力動的な過程、一定の要求、また感情的動機によって動かされる。それとまったく同じく我々の思考は、常に動機づけられ、常に心理的に条件づけられ、また常に何らかの感情的動機から発する。それらによって思考は、動きとなり方向づけられる……」（二七ページ）。

「感情と、それと関連している諸機能は、それらが意識されることによって変化する。それらは意識全体や他の感情と別の関係を持つようになり、したがって、それらの全体と、またその統一との関係が変わる」（二九ページ）。「思考は情熱の奴隷であるかもしれないが、その主人でもあるかもしれない」（三三ページ）。

簡単に言えば、「知性と感情との関係を……実体としてではなく、過程として検討しなければならない」（三四ページ）。

……私たちはヴィゴツキーの後を追って、知性と感情の総合、あるいはそれらの関係について述べることに慣れました。だがヴィゴツキーは、知性、思考、動機、意味の関係を問題にしたと言ったほうが正しいのではないでしょうか。いずれにせよ今日の心理学用語ではまさにそのように聞こえるはずです。当時の基本テーゼは次のようになるでしょう。すなわち、複雑で力動的な意味のシステムが存在し、そこには動機的（感情的）な面と、意志、行動、また思考の力動が含まれるということです。またそれらすべては、互いに異なる相互関係を持つということです。

ヴィゴツキーが後数年でも長く生きたならば、おそらく彼はこの意味のシステムの分析に集中し、心理学の基本的な概念の方法やシステムの再検討に到達したことでしょう。「過程」ではなく「演劇」、単純な運動ではなく複雑な意味的力動。心理学の概念や方法を数学にたとえるならば、ヴィゴツキーは微分学や積分学に到達したかもしれません。それともその手前で足踏みしたかもしれませんが。

すでに一九三〇年に、だがおそらく一九二九年と思われるのですが、ヴィゴツキーは一般向けの小冊子、「子どもの想像力と創造」を著し、知的要因と情動要因が創造行為にとって同じ程度に重要不可欠であると指摘しましました。「思考と同じく感情は、人間の創造力を促進する」（第二版、モスクワ、一九六七年、一七ページ）。だから創造力の教育が、新しい人間を作り上げるために最も重要なのです。「将来に向けての創造的な人格形成は、現在具現化されつつある創造的な想像によって準備される」（同書、八二ページ）のです。したがって、心理学の新しい転換、新しいアプローチの開発は、教育学ときわめて直接的な関係を持っているのです。

報告、「高次心理機能の発達と崩壊」に目を向けますと、私はあなた方と共にそこに私たちがすでに知っている多くの考えを見出しますが、それは当然のことなのです。なぜならばこの報告は、心理学者ではなく新しい聴衆、とりわけ医者を念頭においていたからです。

そんなわけで、私たちにとって新しかろうがなかろうが、重要なことだけをこの報告から抜き出してみましょう。確かに私たちはヴィゴツキーから「人間の意識は……コミュニケーションにおいて形成される意識である」[4]ということをすでに聞きました。しかしここで重要なのは、局在化の学説です。伝統的な見解によると、個々の心理機能は大脳半球皮質の定点、あるいは「中枢」に独自の生理学的な「代表機関」を待っているのです。「ウェルニッケ中枢」、「ブロカ中枢」……。ヴィゴツキーはこの伝統的な見解をひっくり返しました。「……個々の中枢に固定的な特殊機能があるという学説は根拠薄弱である」(三八一ページ)。個々の高次な心理機能には、「中枢系全体の複雑に分化した統一活動」(三八一―三八二ページ)が必要とされるのです。

これらの考えはヴィゴツキーの最後のテーゼにも見られます。彼は「活動全体を把握できない構造分析と機能分析を、任意の個々の活動形態を決定する機能間の結合と関係の分離に基づいた機能間分析、あるいはシステム分析に」(一巻、一七四ページ)代えることを求めています。しかも非常に重要なことは、ヴィゴツキーがここで考えているのは、さまざまな機能の局在化の問題だけでなく、「任意の過程の自動的、また非自動的な流れの

4　ヴィゴツキー・エリ・エス、「高次心理機能の発達」、モスクワ、一九六〇年、三七三ページ。

現象、あるいは異なるレベルでの同じ機能の実現という現象など」（一巻、一七〇ページ）でもあるのです。それは次のことを示しているので重要です。つまりヴィゴツキーが構築し始めた人間活動の解釈のシステムは、意識、無意識の単なる並置や対置の拒否を前提としていたのです。この点でヴィゴツキーは、ソヴェトの傑出した生理学者、ニコライ・アレクサンドロヴィチ・ベルンシュテインの考えにまったく近いのです。彼の考えは、ヴィゴツキーの亡くなった翌年に出版された書物の中で、きわめて理路整然と定式化されています。まさにそこでは、単一の生理学的システムの構造において、同じ機能が異なるレベルで実現されると述べられているのです！　あと半年生きていたならば、三〇年代末にベルンシュテインとヴィゴツキーの弟子、ア・エヌ・レオンチェフがお互いを認めたように、ヴィゴツキーとベルンシュテインもお互いを認めたのに違いありません。（私は「認めた」という際に、ヴィゴツキーとベルンシュテインの学問的な相互理解を念頭においています。両人は以前から、つまり一九二四年から心理学研究所で共に勤務し、そのときからの知り合いでした。ところで、異なるレベルでの意識性という考えは、ヴィゴツキーの著作ではっきりと示されています）。

……もちろん、これはすべて仮説にすぎません。

……ヴィゴツキーは生涯の最後の数か月間、親族の思い出によれば、はつらつとして意欲的でした。ヴィゴツキー学派全員は、一九三四年に予定されていた討論の準備をしていました。「思考と言語」の書物が執事（正確に言うと口述筆記）されました。全ソ実験医

ヴィゴツキーの墓　ノヴォジェヴィチ墓地　3区、29列

学研究所との交渉が始まり、報告は一種の「勅語」となるはずでした。ウクライナ精神神経学のためのテーゼが書かれました。これは私たちが見たように、ヴィゴツキーにとって新しい方向であり、このテーゼに沿った報告は、彼にとって原則的に重要であったのです。

だが彼はこの大会まで生きられかったのです。

四月になってヴィゴツキーの病状は悪化しました。医者は入院を勧めましたが、彼は断りました五月九日、彼は仕事中に（ちょうど全ソ実験医学研究所で）具合が悪くなり、半死半生で家に運び込まれました。五月末、レフ・セミョーノヴィチの病状は再び悪化し、六月二日、セレブリャーヌイ・ボールの肺結核専門のサナトリウムに運ばれました。六月一〇日から十一日にかけての夜半、まもなく日付が変わろうとするころ、彼は激しい喀血で死亡しました。彼の最後の言葉は「用意はできている」でした。

レフ・セミョーノヴィチ・ヴィゴツキーは、ノヴォジェヴィチ墓地に埋葬されました。ア・エヌ・レオンチェフを含む彼のもっとも身近な弟子たちは、葬儀に出席させてもらえませんでした。

＊　＊　＊

ヴィゴツキーの死に対して、世界中の多くの偉大な心理学者たちが同情を寄せました。一部の弔辞や弔電は、レフ・セミョーノヴィチの学問的業績と人間的な人柄の大きさを正当に評価しています。

二〇世紀のドイツの偉大な心理学者の一人で、一九三三年からアメリカの学者となったクルト・レヴィンは次のように述べています。「私がヴィゴツキー氏と直接お付き合いしたのは、わずか二週間だけでしたが、彼は私に忘れがたい印象を残しました。私は彼から、内面的に温和で、それと同時に実行力に満ちた非凡な人間、また極めて優れた学者という印象を受けました。私は二週間の間に、友情が生まれた気がしました。……彼はまったく疑いもなく、偉大で、非常に生産的な心理学派の創始者と思われます……」。

クルト・コフカは次のように述べています。「私はヴィゴツキー氏のご逝去を非常に身近に痛ましく受け取りました。私は彼個人についてあまりよく存じ上げていませんが、それでも稀な人物、つまり聡明で、創造的で、とりわけ非凡な人間という印象を持っています。私はあなた方すべが彼に抱く気持ちを心からお察し申し上げます。……私は今まで、彼が私の書物のロシア語版に序文を載せていたことを知りませんでした。しかし私は、自分の名前と彼の名前が、その場だけでも結びついていたことを嬉しく思っております」。

著名な生理学者で神経心理学者であったラシュレーは次のように述べています。「彼は私にとって、今まで出会った中で最も魅力的ですばらしい人物の一人でした。従って彼のご逝去は、学問にとって極めて大きな損失です。もし私が彼の追悼論文集に加えていただけるならば光栄です」。

ジャン・ピアジェは次のように述べています。「ヴィゴツキー氏のご逝去に当たり、深甚なるお悔やみを申し上げます。私は心理学で占めた彼の地位を存じ上げております。いうまでもなく彼の追悼論文集のお誘いがあれば、喜んで参加させていただきたいと思っております」。

著名な精神医学者、アンドルフ・メイヤーは次のように述べています。「何たる悲しみ、何たる損失！　……あなた方が彼の学派の考えと研究方向を示す機会を与えるために、彼と連帯する学者たちを集める可能性を見い出したならば、この悲劇的な損失の大きな代償となるでしょう」。

これらの多くの哀悼の辞は、ア・エル・ルリヤ宛のものです。文面からお分かりのようにルリヤは諸外国の仲間たちにも参加してもらい、立派なヴィゴツキー追悼論文集を作ろうと思っていました。この論文集は当時ただ単に出版できなかったと言うべきなのでしょうか！

締めくくりとして、今後は彼の仲間や弟子で、ソヴェトの心理学者や欠陥学者であった人々による、ヴィゴツキーについての思い出の中から、いくつかの一節を示して見ましょう。

ア・ヴェ・ザポロージェッツは次のように述べています。「私は彼が、新しい考え、新しい理解、新しい仮説、新しい独創的な実験構想を絶えず打ち上げた火山であるという印象をいつも抱いていました。だがヴィゴツキーの創造性について述べるとき、彼が価値ある論理や価値ある実験的証明の想像遊びに夢中だったと考えてはなりません。彼は機知に富んだ実験者であって、実験的事実を重んじたのです」。

デ・ベ・エリコニンは次のように述べています。「おそらく私は、レフ・セミョーノヴィチほど自分自身らの著作権にこだわらなかった人物に、これまで一人として出会ったことがないと思います。考えが彼から火山のように噴出しました。これまで私は、この並外れた思想的豊かさや、人格の幅広さに深く感動しています……。

……私は（彼が講義のためにレニングラードに来た時）一〇日間、彼の仕事を目にすることになりました。それはまったく至福のときでした。彼は手帳のような小さなメモ帳をたくさん持っていました。そしてレフ・セミョーノヴィチは、何かの会議に出席したり、院生や学生と話をしたり、相談をしたり、また研究方法を検討したりした時に、自分の考えを顕微鏡的に細かい筆跡でメモ帳に記したのです。それらの考えや論点は、後に彼の書物に取り入れられました。私はレフ・セミョーノヴィチと話を交わしたとき、彼が二つの構想で研究できる人物だといつも思いました。つまり彼は、現在の研究をしながらそれと同時に、その問題を支配する何らかの一定の目標に向かう研究をしているのです。このことは彼がすでに取り組まれた研究にあまり注意を払わなかったということではありません。そうではなく、それも研究の中に入っていたのです。だが彼は、それらの研究から一般的構想や一般的原理といわれるものを常に汲み取り、常に見出し、実を言うとそれらが彼の生涯を占めていたのです」。

テ・ア・ヴラソワは次のように述べています。「私たちすべてを驚嘆させたレフ・セミョーノヴィチの未曾有の非凡な研究能力は、昼夜や自分への心配り、自らの研究への心配りの一切の忘却と隣り合わせでした（娘ゲ・エリ・ヴィゴツカヤの話によると、彼は最後の数か月間、早朝くから、時には夜中の二時まで仕事をしたとのことです——著者）。

すべてが豊かな思いやりと、節度をわきまえた心遣いや平静さと結びついていました。また彼は自分や他人に対していつも厳しかったのです。彼は陽気で非常にシャレ上手で、楽天的でした。……彼はあこれの命題をなかなか理解できないけれども、それらを熱心に理解しようとする仲間に対して時間をかけて説明しましたが、彼の前に学問的な低俗さが示されたり、出世した日和見主義者が現れたりした時には、抑えていた怒りが煮えたぎったのです。……レフ・セミョーノヴィチを知ったすべての人々は彼が個人的幸福にかかわる行動や問題において、非常に謙虚であったことを認めざるを得ないのです……」。

エヌ・ゲ・モロゾワは次のように述べています。「彼はすばらしい頭脳と、非常に奥深い知識の持ち主であり、また並外れた広い思想と展望を持っていました。……彼は学問に、とりわけ人生の意義を認めました。人生のため、人のため、学校のため、子どものための学問……。レフ・セミョーノヴィチは書斎学者ではあまりせんでした。彼の思想、理論、計画は、病院、学校、実験室、弟子たちの集団の中で、また個々の子どもを判別する時に生じたのです……。

過去になされたことへの尊敬は、彼以前に何かを成し遂げた学問、学者、努力家に対する彼の態度から見て、論争があったとはいえ非常に重要だったのです……。

学者集団はレフ・セミョーノヴィチにとって創造的喜びの源であって、それは私たちに受け継がれました。共に仕事をした人々は極めて親しくなり、この集団の各人は仕事や生活においても助け合い、できる限りのことをしようとしたのです。……レフ・セミョーノヴィチは、学問への態度を教えただけでなく、人生も教えてくれましたレフ・セミョーノヴィチと仕事をした人々は、彼の人生が燃焼、思索、努力であったことを知っています。彼は一〇年間で、人間の全生涯にわたる以上のものを心理学で作り上げました。彼は輝き、かつても今も私たちを照らし続けています。……今離れて見ると、彼の学問、人々、子どもへの人並みはずれた愛情や、完全な自己犠牲と献身がいっそうはっきりとしてきます。

……したがって現代の若者、現代の学者集団、またその指導者ちにとって、彼の賢明な善良さ、心からの陽気さ、また人間一人ひとりの長所短所を見出す手腕、また仕事や生活においても適時に援助の手を差し伸べ、人を必要な道筋に向けてしまう手腕を学ぶことは非常に重要なことでしょう」。

そして最後はア・エル・ルリヤの言葉です。「私が思い出すもっとも輝かしい年代、この二〇年代は私の時代でもあります。そこではすべてがヴィゴツキーと結びついているのです。私にはほとんど自分のものがなく、すべてがレフ・セミョーノヴィチによるものです。そしてこれを知るものは私たち多くの人々の中で私一人しかいなく、他にはいないのです……」。

……私はアメリカの心理学者、ジェームズ・ヴェルチの言葉で本章を終わりにします。彼は一九八五年にヴィゴツキーについて初めて問題の本質に迫る重要な論文を出版しました。まさに彼の論文も次のような言葉で終わっています。

「多くの人々がそれを運命のいたずらと思うほどヴィゴツキーの考えは、時間、空間、また政治体制を異にする人々にとって、非常に実り多かったのです。それをパラドックスと見なすべきでしょうか。おそらくそれはより正確にいえば、人間性豊かな天才が、歴史的、社会的、文化的な壁を克服する教唆的な例でありましょう」。

# 第九章　モスクワからハリコフへ、ハリコフらモスクワへ

## （ヴィゴツキー学派の思想と成り行き）

エリ・エス・ヴィゴツキーの学問的概念は、それ自体閉じられ、極めつくされ、完結した体系として、決して、理解されないであろう。そのような理解は、その概念の過小評価を意味し、そこにある最も重要なこと、つまり今後の科学的な心理学思想の極めて大きな発展の可能性を理解していないのである。我々はこの概念を、ただ受け入れるか、全く拒むしかない動かしがたい真理の体系としてではなく、おそらくこの概念の道を開く最初のまだ未完成な定式であると理解する。

ア・エヌ・レオンチェフ

今日、ヴィゴツキーの意味するものは何か。学派、これは派閥ではない。発展しない学派は、派閥に変質する。

エリ・エスは私にとって過去ではなく、私の今日である。私はこれまでも彼と対話を続け、自分のしたことや計画したことに対する彼の評価や態度を思い浮かべようと努めている。

デ・ベ・エリコニン
手帳から

一九三四年七月にアレクセイ・ニコラエヴィチ・レオンチェフは、よく言われるように一気呵成に、雑誌「ソヴェト精神神経学」にヴィゴツキーの追悼文を書きました。それはお決まりのありふれた一般的な言葉の羅列ではなく、ヴィゴツキー学派の研究計画であり、また同時に総括でもあったのです。

レオンチェフが書いているのですが、ヴィゴツキーは、人間の高次な（媒介的な）心理過程の発達で、三つの基本的な法則を定式化しました。その法則の第一は、人間におけるこの過程の発生それ自体が、「社会的な人間活動の所産である。本来社会的て、外部から媒介された活動は、ただし後にると、個人め心理的な内的構造へと変わり、それと共に独自の基本構造を保持する」[1]。法則の第二は、機能的な心理システムという考えです。基本法則の第三は、「人間の意識的、知的、意志的な活動の発生条件を構成する機能としての言語の位置と役割」[2]です。人間意識の一般化の活動は、意義の推移で具体化されるのです。

ヴィゴツキーの概念の本質、それは体系的で意味的な意識構造という学説です。つまり「意識活動についての……学説」であり、「人間に特有な―人間的な―存在認識についての具体論であり、まさに意義がこの認識形態である」[3]のです。

次の三つの定式に注目して下さい。その第一は、言語が活動発生の条件であるということ。第二は、一般化の活動が意味の推移で具体化されるということ。第三は、意義は認識形態であるが、意識の単位ではないということです。

しかし私たちはこれらの定式にもっと触れることにしましょう。だがさしあたり、レオ

**1** レオンチェフ・ア・エヌ、「エリ・エス・ヴィゴツキー」、『ソヴェト精神神経学』、一九三四年、№６、一八八ページ。
ア・エヌ・レオンチェフの「精神神経学論文選集」（二巻本）の第一巻にこの原文の抄略が掲載されている。

**2** 同書、一八九ページ。

**3** 同書。

ハリコフ：ア・エヌ・レオンチェフ、エリ・イ・ボジョヴィチ、ア・ヴェ・ザポロージェツ（左から右へ、1931年の写真）

ハリコフ・グループ　左から右へ　前列テ・イ・ティタレンコ、オ・エム・コンツェヴァヤ、イェ・ヴェ・ゴルドン。後列ヴェ・イ・アーシン、デ・エム・アラノフスカヤ、ペ・イ・ジンチェンコ、カ・イェ・ホメンコ（50年代の写真）

ンチェフ、ザポロージェツ、それにボジョヴィチがハリコフにやってきて、初めて自主的な学問研究を始めた三年何か月か前に戻ってみましょう。

　けれどもリジヤ・イリーニチナ・ボジョヴィチは、ハリコフに長期滞在しなかったと言う必要があります。まもなく彼女はポルタワに行き、そこで仕事を続けるのですが、ハリコフの連中と関係を絶ちませんでした。ヴィゴツキーも時々ポルタワにいる彼女を訪れていました。

　しかしハリコフには、ヴィゴツキー学派に加わった独自の研究者たちがいました。その最初の一人が、ピョートル・ヤコヴレヴィチ・カリペリンでした。さらに一群の心理学者たちは、ハリコフ教育大学と教育科学研究所の特別研究生たちでした。彼らの中でもっとも名の知れた人物は、ピョートル・イワノヴィチ・ジンチェンコ、グリゴーリー・デミヤノヴィチ・ルーコフ、ウラジーミル・イワノヴィチ・アーシンです。

　彼ら―レオンチェフ、ザポロージェツ、ガリペリン、ジンチェンコ、ルーコフ、アーシン―が、ヴィゴツキーの弟子としてハリコフ・グループの中核を構成したのです。つまりそのグループは、ハリコフ学派としばしば呼ばれます（私はハリコフ・グループであっても、ヴィゴツキー学派と呼ぶほうが正しいと思います。そうしませんと、例えばエリコニンやボジョヴィチは、何か別の「学派」に属していたように思われ、わけのわからないことになってしまうからです）。

　ア・エヌ・レオンチェフは私との対話の中で、ハリコフの連中の主要な考えを明確に定式化しました。「我々の路線とは、発端のテーゼに戻り、それらを新しい方向に仕上げることである。実際的知性から事物行為へ！」。

ではその「発端のテーゼ」とは何であったのでしょうか。それはヴィゴツキーによって作り上げられた活動論のことです。ハリコフの連中が提起した課題とは次のようなものでした。つまり、子どもたちが実際的課題を解決する過程で示す一般化の形式を研究することです。

「発端のテーゼ」を思い出してみましょう。「ピアジェは、子どもの思考の社会化について、実生活を無視して検討している。……真理の認識は……現実の実際的な習得過程で生じない（ピアジェの場合—著者）……現実の習得に向けられた子どもの社会的な実践が、まったく考慮されていない。……事物が……彼（子ども—著者）の知性を作り上げる。事物とは……子どもが自らの実際的活動でぶつかる現実……を意味する」。

しかし私たちが知っているように、ヴィゴツキー自身はこの面に進まず、彼の概念のこの面は発展を見なかったのです。彼の考えは別の面に向けられました。すなわち「言葉は、意識全体において中心的な役割を果たす。言語は、意識をコミュニケートする記号である。……意識の共同は意義を動かし、意義の発達を決定する……」、「事物から子どもへ、子どもから事物への道を敷くのは、他の人間である。……共同の認識（сознание）……人間の意識（со-знание）は、コミュニケーションによって形成される意識である」。

だがハリコフの連中は、これらの主張に同意しなかったのです。つまり、意義は意識の造物主（創造者―著者）であるが、コミュニケーションは意義の造物主であるという主張に同意しなかったのです。

ではいったい彼らはどんな主張をしたのでしょうか。

一九三四年一二月に打ちだされた定式は次のようです。「まず第一に、人間は人間らしく行動する。……だが人間はその後のみ、その過程の結果として人間らしく意識し始める……」（レオンチェフ・ア・エヌ、心理学講義の速記録―オフセット印刷、第五講義―ハリコフ、一九三五年）。また次のような書かれています。「事物が一定の意味を持つこの世界や、現実の客観的な関連が意識される関係世界についての人間の意識形式が、言葉の出現の結果ではないか、とあなた方が私に尋ねるとしよう。私はそうではないと答える。それはまず第一に、事物それ自体が、社会的で人間的な事物に転化した結果であり、言葉はその必要条件にすぎない」。

一九三五年二月一六日にレオンチェフは、全ソ実験医学研究所で、「言語の心理学研究」という報告をしました。この報告は二種類残っています。すなわち、テーゼ集（それらはレオンチェフ心理学選集、第一巻に収められています）と、実際に彼が講演した内容の概要です。後者を引用してみましょう。「意識それ自体を活動として理解しなければならない。つまり人間の活動は、活動対象の概念的反映として意識に媒介される（実際には、言葉によって行われる）と理解しなければならない」（手稿）。

レオンチェフがヴィゴツキーの概念を述べながら、私がすでに述べたまさにそれらの定式を用いた理由が、今や理解できるのです。

同じ一九三五年三月にハリコフでなされた「教育心理学の問題としての、生徒たちによる科学的概念の獲得」という報告は、四五年間手稿のままでしたが、その中でレオンチェフは特に次のように述べています。「この考え（エリ・エス・ヴィゴツキー――著者）では、教授過程で生じる心理的変化の必要条件として、コミュニケーションと共同の要素が正しく強調されている。しかしながらこの指摘は、コミュニケーションそれ自体の背後にあるものを理解する必要性を我々に課している。……もし我々がこの一歩を踏みだささずに、コミュニケーションを過程の動因として理解するならば、そのような理解は我々を誤った結論に導き、われわれの見方からすれば、この著者（ヴィゴツキー――著者）の体系的な見解の全てと矛盾することになるであろう[4]」。

レオンチェフはコミュニケーションが動因ではなく、条件にすぎないと主張しているのです。しかし何が原因なのでしょうか。それは実際的活動なのです！　当時レオンチェフは、子どもは「概念的に行動する」と言いましたが、ヴィゴツキーの実際的行動の意味構造という考えを覚えていますか。三〇年代末にレオンチェフは、同じ考えを次のようなもっと鋭い定式によって示しました。「事物世界に意識を求めなければならない！　まさにこの外部の事物に、すなわちそれを心理的なものにする何かを見出さなければならない」（手稿）。事物が子どもの知性を作り上げるというヴィゴツキーの言葉を再び思いだします！　またこれは言語コミュニケーションによるのではなく、実際的な相互作用で、課題解決で

4　レオンチェフ・ア・エヌ、「教育心理学の問題としての、生徒たちによる科学的概念の獲得」、『年齢心理学と教育心理学の選文集』、モスクワ、一九八〇年、第一巻、一七四ページ。

の実際的共同で生じるのです。

私たちがヴィゴツキーを「意義の発達は……コミュニケーションそれ自体によって進展する（だがコミュニケーションの過程で生じない）」という意味で理解するならば、「我々はそれらの研究（ヴィゴツキー──著者）それ自体に、次のようなまったく誤った否定的な結論を必ず下すことになる。つまり意義（一般化）の発達は、現実によるのではなく、社会的意識によって決定され、社会的意識は個人的意識を決定し、個人的意識は社会的意識を決定する、という結論である。……この考えは循環論法のフランスの唯物論に似ていて、社会が人間に影響し、人間が社会に影響を与える、という論法である」[5]。

……私にはハリコフの連中とヴィゴツキーの主要な食い違いがはっきりしているように思えます。だが同じくそれが……食い違いでないこともはっきりしているのです！　ハリコフの連中自身にとっては主観的で、学術史の観点からだと客観的であるこの食い違いは、ヴィゴツキー自身の概念発達の一定段階への復帰であり、ヴィゴツキー自身がこの研究路線を「放棄した」場所からのこの発展の継続であったのです。

いったいどのようにして事物の一般化は意義として定着するのでしょうか。事物的な意味の段階を辿るのです！　再びヴィゴツキーの考えです。それだけでなくハリコフの連中の命題は、多くの点で私たちがよく知っているヴィゴツキーの遊びの講義における命題と一致しています（その詳しい分析や証明をしたならば、私たちはあまりにも本題から逸脱してしまうでしょう）。

5　レオンチェフ・ア・エヌ、「言語の心理学研究」、『心理学選集』、モスクワ、一九八三年、第一巻、七〇ページハリコフ・グループのこれらすべての「反対意見」（私たちは、この時のヴィゴツキーとの論争がまったく正当で、どちらかというと彼の内的矛盾の指摘であったと考えています）はかなり大きくなり、もちろんヴィゴツキーが亡くなる以前に国内会議でも語られていました（当時の刊行物には、何も示されていません）。しかしそれらは、メモや個々の質問の覚書などという形で残っています。例えば聴衆は彼の思想体系の「言語中道主義《слово-центризм》」についてヴィゴツキーに尋ねています。彼らは次のような質問をしています。「人間と世界を結ぶ現実の諸関係はどこにあるのでしょうか」。そしてメモから判断すると、彼らはヴィゴツキーの「意識の背後に」という短い返事にあまり満足していません。

……数年ほど前までは、いわばハリコフ・グループの思想の発達史、言うならば、ハリコフ・グループによるヴィゴツキー思想の発達史を書くことは非常に難しかったと言えるでしょう。今ではすでに多くの書物が出版され、いくつかの手稿が見つかっています。したがって私が、ハリコフの連中の行った研究や、後に生じたことについて詳しく話そうとすれば、新しい書物を書かねばならなくなるでしょう。おそらく私は、いつかそのような書物を書くことになるでしょう。

したがって今は、私が最も重要と思ういくつかのことについてだけ述べることにいたします。

その第一は、ヴィゴツキーとハリコフの弟子たちを「引き離す」発端となった選択肢です。ハリコフの連中は、この選択肢を「実際的活動と意識」なのか、「知性と感情の一体性」

心理学者たち—ヴィゴツキーの教え子。左から右へ、前列エヌ・ゲ・モロゾワ、ア・エヌ・レオンチェフ、ア・エル・ルリヤ、エル・イェ・レヴィーナ。後列テ・オ・ギネフスカヤ、エリ・エス・スラヴィーナ、デ・ベ・エリコニン、エリ・イ・ボジョヴィチ（40年代末の写真）

なのかと考えました。だがこの点は後に明らかになったように、論争を挑む（とはいえ、しごくもっともな）「組み直し」でした。それから何年もたった一九七七年に、ヴィゴツキーについて報告をしたアレクセイ・ニコラエヴィチ・レオンチェフは、次のように認めました。「……三〇年から三一年にかけての選択肢は、選択肢ではなく、心理学研究にとって必須な進行路線であった。あれかこれかではなく、必ずどちらもである！」（手稿）。彼はかなり遅く六〇年代から七〇年代にわたって、ア・ヴェ・ザポロージェッツの諸研究をとりわけ考慮に入れて、それらを次のようにまとめました。「次のように仮定できる根拠がある。すなわち、情動的制御は、解決する課題条件の客観的な意味に応じて行動を調整する知的制御と異なり、主体に、つまり主体の持つ欲求の充足として生じる意味に相応した行動修正を保証する。この二つのシステムが合致して機能することだけが、つまりエリ・エス・ヴィゴツキーの述べた「感情と知性の一体性」だけが……あらゆる活動形態の十分に価値ある実行を保証できる……」[6]。彼は行動結果の情動的な予測についても記述し、このような予測の基礎に、次のようなことがあると考えています。その基礎には「おそらく情動過程と認識過程の機能的な統合システム、つまりエリ・エス・ヴィゴツキーが特に高次な人間的感情の特徴であると考えた感情と知性の一体性があるのであろう。情動はこのシステムに加わりながら、知的で、一般化された、予測的なものとなる。しかし知的過程は所与の状況で機能しながら、情動的な性質を持つようになり、そのような思考は、意味の区別と目的形成において同じくらい重要な役割を果たす」[7]。

6　ザポロージェッツ・ア・ヴェ、「心理学著作選集」モスクワ、一九八六年、第一巻、二五八～二五九ページ。

7　同書、二八三ページ。

だが私たちがヴィゴツキーの述べた意味と意味システムを思い起こすならば、四〇年代にア・エヌ・レオンチェフとヴィゴツキー学派の他の心理学者たちが、個人的な意味と意義について書いていることとヴィゴツキーの考えに、明らかな類似性のあることに気がつきます。ところでレオンチェフはそのことについて、彼の手稿から判断しますと、すでに三〇年代末に深く考えていました。

このようにヴィゴツキー学派は、一定の段階においてレフ・セミョーノヴィチの放棄した考えに復帰したように思われます。いよいよここで私たちは第二の要因に到達します。私はそれを次のように定式化しましょう。つまり、ヴィゴツキー学派の研究で反映や発展の見られなかったヴィゴツキーの命題や思想は、一つとしてなかったということです。一つもないのです！

もう一度この書物に目を通し、ヴィゴツキーが取り組み検討した心理学的な諸問題を簡単に挙げ、それからその問題に応じた考えを発展させた直弟子たちの名前を挙げてみましょう。芸術心理学―レオンチェフ。教育心理学―レオンチェフ、エリコニン、ボジョヴィチ、ガリペリン、その他多数。心理学方法論―レオンチェフ。局在化の問題―ルリヤ。活動の意識性と随意性の問題―レオンチェフ、ザポロージェツ。思考―レオンチェフ、ガリペリン、エリコニン、ザポロージェツ。知覚―レオンチェフ、ザポロージェツ。記憶―ジンチェンコ。動機づけ―ボジョヴィチ、レオンチェフ。遊び―エリコニン。情動―ザポロージェツ、レオンチェフ。人格―レオンチェフ、ボジョヴィチ等などです……。ところでヴィゴツキーの提起した問題の多くは、第二世代、つまり彼の弟子たちの弟子たちに「相続」され、主として彼らによって発展させられたのです。例えば、発達と教育の相互関係（ヴェ・ヴェ・ダヴィドフ）、知覚の諸問題（ヴェ・ペ・ジェンチェンコ）、言語とコミュニケーション（本書の著者）です。

……一般的に言って「学派」とは何でしょうか。学問の継承性について論議するとき、私たちはいつもこの概念にぶつかるのですが、正直な定義は非常に稀です。私なりに言いますと、次のような一群の人々である場合に学派と言えると思います。すなわち、（a）自分の先達者の世界観や方法論、また哲学的立場を共にする人々。（b）先達者の基本的な理論的見解を共にする人々。（c）そのさい（最も重要です！）、先達者の見解の繰り返しや論拠にとどまることなく、それらの見解をさらに発展させる人々です。この第三の条件がなければ、私たちは学派と呼ばず、亜流グループと見なします。心理学も含む世界の学術史では、そのような例も少なくありません……。

この意味においてヴィゴツキー学派は、疑いもなく真なる学派です。

また第三として、ヴィゴツキーの弟子たちのその後の見解の発展について少しばかり言わなければなりません。三〇年代末にヴィゴツキー学派は、しばしば「活動論」、あるいは「活動の心理学理論」と呼ばれる新段階に入りました。最初にこの用語の補足説明をしましょう。心理学概念として活動に関わる基本命題を定式化したのは、まさにア・エヌ・レオンチェフです。だが彼はこのような表現を一度も用いたことがなく、他の人々がこの表現を用いた時に顔をしかめました。彼はある報告をした時に次のように言っています。「私が今、『活動的アプローチの視点から』という語句を見ると、率直に言ってそれに不安を感じる」（手稿）。もしも彼の最後の書物の表題を書き改めるとしたら、彼の―ところでヴィゴツキーにとっても同じく！―心理学理論は、必ずしも「活動論」ではなく、「活動・意識・人格の理論」（あるいはおそらく「人格・意識・活動」でさえ）であったことでしょう。

ここには二つの要因があります。その第一の要因として、「活動論」は決してア・エヌ・レオンチェフ一人だけによって生み出されたものではないということです。一般的に言いますとアレクセイ・ニコラエヴィチ（レオンチェフ）は、疑いもなくハリコフ・グループの指導者でしたが、その概念は集団的英知によって創出されました。活動論の考案者を見つけようとしますと、そのような人々として少なくとも三人、つまりレオンチェフ、ザポロージェツ、それにペ・イ・ジンチェンコがいます。

また第二の要因として、活動論とヴィゴツキー理論との遊離や、あるいは矛盾さえ述べる人々がいたとしても（私は次章でこのことについて詳しく言及します）、すべての段階―ヴィゴツキー自身からさかのぼり、すべての心理学者がよく知っている「古典的」学説における一種の活動論の発生にいたるまで―継承性を証拠資料によって証明することができます。ここではそのための紙面の余地がまったくありません。

私は一九三二年から四一年かけてハリコフで行なわれた実験研究と、それらから引き出された結論について、ここで詳細に語ることができません。ですけれども、それらの研究の目撃者で、参加者でもあったザポロージェツやエリコニンによって詳しく語られています。[8] また私もア・エヌ・レオンチェフを取り上げた伝記論文で、それらについて書いています。[9] したがってここでは、ハリコフでの研究の簡単なまとめにとどめます。

……学術史は、時々思いもよらない急変をするものです。だから私はかつて、ハリコフの心理学者の誰かに、当時彼らの行なったことについて記した簡潔な要約を見つけようとしたのですがうまくいきませんでした。だが私はついにそれを発見しました。それは、ア・エヌ・レオンチェフだけでなくヴィゴツキーにとっても直接的な敵対者であると非常に多くの人々が知っていた人物のところにありました。……それは有名なソヴェト心理学者、セルゲイ・レオニードヴィチ・ルビンシュテインで、当時（戦争直前まで）心理学研究所の所長で、ソ連邦科学アカデミー準会員であり（おかしなことに、レオンチェフどころかヴィゴツキーもそうでなかったのです）、またソ連邦国家賞（当時はまだスターリン賞）の受賞者であった人物です。なんとルビンシュテインは、国家賞を受賞したまさにその書物の中で、ハリコフ・グループの研究の基本的な内容を次のように見事に述べています。次の箇所です。「……それらの研究は、子どもの実際的な知的行為が、すでにきわめて初期の発達段階で人間に特有な性質を持っているということを立証している。その点は、子どもが誕生当初から人間的な事物、つまり人間の労働の所産である事物に囲まれ、またそれらの事物との人間的な諸関係や、それらの事物を扱う人間的な行動手段を何よりも実践

8　参照、ザポロージェツ・ア・ヴェ、エリコニン・デ・ベ、「活動理論の発展に於けるア・エヌ・レオンチェフの初期研究の貢献」、モスクワ国立大学紀要、『心理学』シリーズ、一九七九年No.4。

9　参照、レオンチェフ・ア・エヌ、「アレクセイ・ニコライェヴィチ・レオンチェフの創造の道」、『ア・エヌ・レオンチェフと現代心理学』、モスクワ、一九八三年、一一四〜一一五ページ。

的に獲得する、という事実によって決定される。……子どもが他の人々との実際的なコミュニケーションに加わり、そうしなければ自らの欲求を満たすことができないという事実が、何よりも人間に特有な実際的行為の発達の基礎である。まさにこのことが……子どもの言語発達それ自体を構築する実際的な基礎である」[10]。

……ハリコフ・グループは一〇年間存続しましたア・エヌ・レオンチェフは、すでに一九三四年にモスクワに戻っていましたが、その後もいつもハリコフを訪れていました。まもなくガリペリンもモスクワに戻りました。ザポロージェツ、ジンチェンコ、その他の人々は、大祖国戦争の始まる前までハリコフにとどまりました。彼らはほとんど発表しませんでした（発表の場所がどこにもなかったのです！）。したがってハリコフの連中による世界の心理学への実際的な貢献は分からないままでした。

当時から残されている論文や手稿のすべてを一つのファイルに集め、それにハリコフ・グループの考えの発生、発展、その後の成り行きについての真に学問的な概説史を付け加える時期が来ているのではないでしょうか。

真に学問的とは、私たちが今分かるように、すべての学術史が学問的真実や、さらにはあらゆる真実と、何らかの共通点を持っているとは限らないからです……。

10 ルビンシュティン・エス・エリ、「一般心理学の原理」、モスクワ、レニングラード、一九四〇年、三一七〜三一八ページ。

# 第一〇章　思想の承認と神話の暴露
## （ヴィゴツキーについての真実と偽り）

不注意と無理解が妄想となる。

ボリス・スルーツキー

心理学者でもなく、また他のいずれの学問分野の専門家でもない人が、いつかヴィゴツキーについて書いておきながら、今、ヴィゴツキーが学問上でなしとげた大きな業績を認めなかったとしたら、どうだろう。またソヴェトや外国の学者たちの出版物に見られるように、ヴィゴツキーについて数多くのお世辞（これはしばしば行われています）をこの書物に取り入れたならば、こっけいで、おかしなことになったことでしょう。私はここで、エヌ・ア・ベルンシュテインの述べた一節だけを引用します。彼はヴィゴツキーを「天才の境にいる人間」と呼んでいます。境にいるのでしょうか、それともこの境を越えているのでしょうか⁉

しかし興味を引くのは、ヴィゴツキーについて書いている誰もが、彼を自己流に考え、自分の願望を彼から「読み取ろう」としていることです（おそらく本書の著者もそれを免れ得なかったと思います。しかし著者は、まず第一にそうならないように努めました。だから本書では、ヴィゴツキーの著作から、多くの、また時にはかなり長い文章を引用しました。彼についてはどうにでも言うことができます。しかし彼自身の言葉についての誤った解釈となると、そんなに安易には済ませられません）。したがってヴィゴツキーについて書く人々ごとに、どこか何か違っていてよいのです。また時には、同じ著作がまったく反対に解釈されることもあります（例えば「芸術心理学」について言えば、四人—ア・エヌ・レオンチェフ、ヴャチェスラフ・ヴェ・イワノフ、エム・ゲ・ヤロシェフスキー、エヌ・ベ・ベルヒン—が解釈していますが、まったく各人各様です）。

だが私はこう考えます。つまりヴィゴツキーのすべての発言を理解した上で彼の創造性を研究する者たちだけが、彼の創造的な思想の発展過程を跡付けることができ、またヴィゴツキーが生活し、創造した時の歴史的状況や、心理学や他の学問の状態、いわゆる当時、気配としてみなぎっていた思想を、明瞭にはっきりと思い描けるのです。またそのような著者だけが、ヴィゴツキーの見解やその展開、また彼とその先駆者や後継者との学問的つながりを客観的に正しく解釈できるのです。また特に重要なのは、この客観性が主観的、セクレ的なアプローチやヴィゴツキーをいわば「我田」に引き入れようとする欲求に屈しないようにすることです。学術史では、歴史一般がそうであるように、願望ではなく、事実としてあること、あったことを問題にしなければなりません。私たちがヴィゴツキーの実際に考えたことや、彼がそう考えた理由を示すならば、それは彼についての真実ということでもあり、本当の学問的アプローチ、つまり歴史主義を正しく理解したアプローチとも言えるでしょう。本書の著者は、一貫してそのようなアプローチをしようと努めました(どれだけうまくいったかは別ですが)。

私は、私たち学術史研究者の誰かが、最終審で真実をつかむと思いません。ヴィゴツキーの創造性や精神的な発展を何らかの側面について、それに学者、あるいは社会活動家といった他のどんな側面についても論争することができるし、そうしなければならないのです。押しも押されもしない彼についての本当の真実を探求し、協力してそれを探求しなければならないのです。しかし本当の真実以外にごく普通の真実もあります。歴史研究者は、何らかの活動家や事件について自分なりの見解を持ち、それを何らかの論拠で理由づけようとするのでしょう。だが歴史家には、うそをつく権利はありません。たとえそのうそが、ありふれた無知や、それとも何か私利私欲によるにしても、そんなことはどうでもよいのです。いわゆる動かしがたい事実として、生活と作品があります。また当人自身によってはっきりと明確に示され、反論のできない、せいぜい無視しかできない意見や見解があったりします。要するにヴィゴツキーについての問答は、今日の私たちの学問の要請なのです。しかし最初から彼についてうそを主張したり、事実認識や思想理解の負担を負わず、ヴィゴツキーや、要するに学術史に根も葉もないことを付け加えようとする人々と討論する必要はありません。

だからこそ私は本章を討論に当てるのではなく、ヴィゴツキーについてのいくつかの神話を暴露するだけにしようと決めました。それらは印刷物に掲載されたり、またさまざまな種類の会議や学会で口頭で述べられただけのものもあります。私はこれらの精神の具体的な作者を、それぞれ例を挙げて示そうとは思いません。それらは口伝えに伝わっています。重要なのはそれらの無意味さと、客観的な現実との不一致を示すことです。

では始めましょう。

### 神話　その一

### ヴィゴツキーは専門的な心理学者ではなく、せいぜい人文・社会科学の方法論者（文化論者、記号論者）である。

この神話の宣伝家たちは、だがもしそうならば、心理学を新たに構築しなければならないと言います。ヴィゴツキーはそうすることを提案したとは思えない。彼の道は好事家の道であった。それどころか彼の弟子たちは、ヴィゴツキーの作り上げた一般方法論的な活動論を、心理学的な説明原理や、具体的な心理学研究の対象と見なしたとは思えない、と言うのです。

ではヴィゴツキーは心理学の専門家だったのでしょうか、あるいはそうでなかったのでしょうか。この質問に答えるために、そもそも学問における専門性とはなにかということを検討してみましょう。

それは四つの要素から成り立っていると思われます。

その第一の要素（重要さの順序ではありません。重要さという点ではみな同じです）は、自分の学問の資料を使いこなすことであり、そのことをアレクセイ・ニコラエヴィチ・レオンチェフは、好んで「肉」と呼んでいました。何よりも自分の学問と隣接学問における専門的な知識体系を言おうとしているのです。人格と気質の違いを知らなかったり、ウェーバーやフェヒナーの名前を聞いたことがなかったり、世界的な心理学の古典を読むことも要約作りもしたことのない人は、専門的な心理学者ではありません。また世界の諸言語の基本的な語族や語群を詳しく覚えていなかったり、たとえば、ロシア語、アラビア語、ヴェトナム語、グルジア語の基本的な違いがわかっていなかったり、また強弱アクセントと高低アクセントの違いを知らなかったりする人は、専門的な言語学者と呼べない、等などです。困ったことに、非常にしばしば専門職業に従事することがこの要素と同一視されます。モスクワ大学の心理学部を卒業し、定められたすべての科目を履修した者たちが、すべて専門家と言えないのです。

次にこの場合、二つの側面があります。今日の学問の研究資料や、学問における基本的な公理をあまり知っていない者がいるということです。また自分の学問の歴史を知らず、学問発達の全般的な流れの中で、今日的状況における自分の学問の位置を評価できず、過去の学問の誤りと成果を学び取れない人は、専門家ではありません。すでに一九二八年にヴィゴツキーは、「革命国家における心理学の運命は、歴史的視点や過去と未来に照らしてのみ、また大きな視座や、発展と破局の力動においてのみ理解され得る」[1]と主張しましたが、まったく正しいのです。

第二の要素とは、科学的な世界観を我が物とすることです。世界の学問全般にかかわる状況を知らず、自分の研究対象の本質や、自分の研究の方法論を熟考しない人は学者ではありません。この意味において、自然科学や、いわんや社会科学の専門家と言われる人は、同時に哲学者でもあるのです。つまり彼は自分の学問やその目標を俯瞰できなければなら

1　ヴィゴツキー・エリ・エス、「心理科学」、『ソ連邦における社会科学～一九一七～一九二七年』、モスクワ、一九二八年、二五ページ。

ず、自分の学問がより大きな学問とどのようにかかわるのか、またその目標が世界的にどうなのかを知らなければならないのです。したがって本当の学問は、「這い回る」経験主義や、プラグマチックなアプローチや、全体を考えずに部分を仕上げようとする意図や、異なる学問の「用地」間に、越えられないような境界杭を立てることとは無縁です。私には今日の学問が、とりわけこのような世界観を持つアプローチを欠いているように思えます。

まさにここに、学問の理論の問題を含めなければならないことは確かです。しかし「学問と道徳」の問題分析は、私たちをあまりにも本題からそらしてしまうことになるでしょう。私はすでに一度、学問の倫理について述べました。

第三の要素とは、学問的創造の力量を我が物とすることです。それは人類未踏の道を歩み、未解決の問題を設定し、それを解決しようとする適性と能力です。学問はまさにその本質から見て、再生産、つまりさまざまな既知の真理の再生ではなく、生産―新しい真理の創造と検証―なのです。「複写機」のような専門家は、たとえ科学アカデミーの指導的な研究者であっても学問とは何の関係もありません。彼に適しているのは、せいぜい今日創造的な思考に欠けている「知識」社会の講師となるぐらいです。学者とは、学問や人間知識の共通な成果に、わずかではあっても自分独自の貢献をもたらした人であり、他の誰もが考えつかなかったことを一度でも述べ、論拠づけた人です。

面白いことに、好事家は、第三の要素を持っていても第一、第二の要素を身に着けていないように思われます。ところで雑誌、科学研究所、党やソヴェトの機関は、学問のイロハさえ知らないのに学問の最新情報をひけらかす人々であふれかえっています。でも優れた考えは、広い専門知識とはっきりとした世界観的立場の交差からしか生まれてこないのです。

最後の第四の要素は、研究活動の科学技術を我が物にすることです。それは学問によって異なり、理論家と実験者にとって同じでありません。しかし学者が身に着けつけないわけにいかないような習熟が常に存在します。実験を取り上げて見ましょう。例えばすべての専門の学者が、実験装置を設計したり、いわんや組み立てたりできるわけではありません。しかしきわめて「抽象的」な理論家であっても身に着けなければならない最小限のことがあるのです。それは実験作業や実験開発の戦略的な計画立案であったり、あるいは少なくとも論証された原理的な実験方法の選択であったりします。学者の専門的な習熟として次のようなことも（しばしば忘れられていますが）あります。それは自分の考えを紙面で理知的に叙述する能力、それを論理、報告、学位論文、モノグラフとして仕上げる能力……です。私は今日の研究者に、ガリレオの時代のように何から何まで自分一人ですることを呼びかけようとは思っていません。そのために学問は、研究助手や研究技官からなる大掛かりな軍団を持っているのです。メンデレーエフは彼の名声の絶頂期に、自分自身で実験容器を洗ったわけではないでしょう。しかし彼が洗わざるを得なかった場合に、実験助手に劣らずそれができたと考えないのはおかしなことです。

一般に学者は、いずれかの要素に優れています。科学的な世界観に優れていた学者として、ヴェ・イ・ヴェルナツキーが挙げられるでしょう。また常に次から次へと新しい知識によって考えが肥やされる百科事典的な学者もいます。私には、例えばチャールズ・ダーウィンがそのような人物のように思えます。また学術史にその後の学問の運命を決定するような科学思想の大改革をもたらした人々がいます。私はそのような人々を超創造的な考えをする人々と言いましょう。そのような人物はあらゆる面から考えてアルベルト・アインシュタインや、心理学ではジグムント・フロイトです。最後になりますが、実験室や実験装置やコンピューターの所にいるのが何よりも好きなような学者もいます。私の考えではそのような学者はルイ・パストゥールです。しかしながら彼らの誰一人として、一つだけの学問的専門性の要素に限られていなかったのです。私たちが今そのような人々の名前を思い出さなくともそうなのです。

心理学者の専門性はどんな要素から成り立っているのでしょうか。

それは心理学の「肉」である百科全書的な詳細な知識、心理学で蓄積されてきたあらゆる経験や、そこで用いられるあらゆる科学的装置やあらゆる理論的考えの自由な駆使です。ヴィゴツキーにはそれがあったのでしょうか。それを疑う人がいるのでしょうか。それどころかレフ・セミョーノヴィチ・ヴィゴツキーは、心理学においても、また欠陥学、言語学、教育学、芸術学においても同じように自信に満ちた「多才な」学者でした。口頭で（彼はまれにしか要点の抜書きを用いませんでした）心理学だけでなく隣接学問の資料をあれほどやすやすと利用した講師はなかなかおりません。あなた方が出版された彼のどんな速記録を手に取ってみても、そのことを難なく納得なさるでしょう。

学術史の深い知識と理解。その点では誇張なしに、ソヴェト心理学においても、またおそらくは世界の心理学においても、ヴィゴツキーに匹敵するような人物は一般にいないのです。「範囲」の広さだけでなく、分析の深さや分析概念の本質的な洞察、また「それらを自分の立場で展開する」技量の点でもそうなのです。

哲学的な洞察力。この点でもヴィゴツキーに匹敵する人物を挙げることはできないでしょう。心理学でマルクス主義的なアプローチの基礎を作り、何一〇年も先の心理学の発展計画を提案し、それと同時に、実験研究を含む一連のすばらしい具体的な心理学研究を実現することは大変なことです！　私が強調したいのは次のことです。すなわちヴィゴツキーが心理学で成し遂げたことは、時おり心理学者たちが認めているような哲学的な概念や、学問全てにかかわる概念への「付録」といったものとはまったく違い、その概念の有機的な延長であり、同時にその概念の具体的で科学的な立証なのです。ヴィゴツキーは「心理学について考えた」のではなく、心理学から出て、心理学に到達したのです。彼の哲学的考えは、心理学的考えを肥やし、豊かにし、また心理学的考えは、哲学的考えを肥やし、豊かにしたのです。（私はその点をこの書物全体にわたって示そうと努めました）。

創造的な能力。私がすでに述べたカナダの科学論学者、エス・トゥールミンは、ヴィゴツキーを心理学のモーツァルトと呼びました。彼が心理学で一大改革を成し遂げたスケールの大きさから見て（この一大変革は始まったばかりで、彼のスケールの大きさがすべての人々に認識されていないことは別問題として）、私はむしろ彼を、言語学でのウィルヘルム・フォン・フンボルトや、物理学でのアルベルト・アインシュタイン、化学でのメンデレーエフのような天才的な最初の発見者にたとえられると思います。ヴィゴツキーは、ドグマや公理に固執し固守されてきた意見を新たに見直すことを少しも恐れない人間でした。それらが古臭くなったならばそれらを捨て去り、問題設定が誤っていたならば覆すのです。またここで私は、他の思想家たちと比較対比してみましょう。もちろん彼らによって世界史や世界的な科学や哲学文化に持ち込まれた貢献を比べるつもりはありません。私はカール・マルクスを念頭においています。おそらくあなた方は覚えておられると思いますが、ヴィゴツキーは（「心理学的危機の歴史的意義」の中で）、「心理学は独自の『資本論』を必要としている」（一巻、四二〇ページ）と述べています。そしてこの課題解決に誰が近づいたかといえば、もちろんヴィゴツキーであったのです。このことを理解することは重要であって、おそらく何一〇年にもわたり数世代に及ぶ心理学者たちの厳しい努力が必要とされるにせよ、それを継続し、完成させていかなければなりません。

最後は、科学技術の駆使です。本書からでもお分かりのように、読者には、ヴィゴツキーの考えが実験や臨床実践にどんなに深く根ざしていたか、また彼がなんと上手に実験を設定し、解釈したのか、さらに彼は周りの医者や欠陥学学者よりも何と多くのことを知り得たのか、ということが明らかになるはずです。付け加えますと、彼は実験心理学の歴史にヴィゴツキー＝サハロフ方法論を持ち込んだだけでなく、いわゆる「形成実験」という基本的に新しい実験を始めて心理学で作り上げたのです。

要するにヴィゴツキーを心理学専門家とみなさなければ、心理学にはそもそも心理学専門家がいないということになってしまいます。ああ、私たちすべてが、このような「非専門家たち」であるなんて！

ところで私は実のところ、「人文科学の方法論者」とは何のことなのか分かりません。だから私は、そもそも「方法論者」というような職業が思い浮かびません。何らかの学問で本当の専門家であれば誰でも、所与の学問の方法論者でないはずはなく、逆に何らかの学問の専門家でない者は、何ら「方法論者」に値しないのです。エム・エム・バフチンは、「人文科学の方法論者」の例として好んで引き合いに出されますが、実際には言語、文学、文化史にとりわけ造詣の深い研究者でした。ただそのことで、方法論者として登場する権利が彼に与えられたのです。アンドレイ・ベールイは（一流の詩人で散文家であった以外に）、美学や詩学の専門家として学術史に掲載されました。ペ・ア・フロレンスキー（今日では非常に著名な人物）は、傑出した芸術学者でした。最後に、最近亡くなったアレクセイ・フェドロヴィチ・ローセフは、文化史に通暁した学者として、また世界的な文献学者として活躍しました。

確かにヴィゴツキーは、専門として携わったすべての学問の方法論者であったのです。またそうでなかったならばおかしなことになるでしょう。

## 神話　その二
## ヴィゴツキー学派はなかった。

この神話には次の三種類があります。その第一の種類は、レオンチェフとハリコフ・グループ、またそれに続く「心理学的な活動論」を発展させたすべての人々が、ヴィゴツキーから破門されるに違いないというものです。第二の種類は、ハリコフの連中はヴィゴツキーの弟子たち（学派）であったが、その後早くも連続性を失い、彼らの「活動論」はヴィゴツキーとなんら共通性を持っていないというものです。つまりレオンチェフ、ルリヤ、ザポロージェツ、ジンチェンコなどは、それぞれが学派であったというのです。また別の種類もあります。この場合には、ピョートル・イワノヴィチ・ジンチェンコが一九三九年に、ヴィゴツキーとレオンチェフを槍玉に挙げた批判が好んで引き合いに出されます。いずれにせよこの神話の本質は、ヴィゴツキーの弟子たちによるその後の心理学思想の発展をヴィゴツキーと対立させることにあるのです。

では学派はあったのでしょうか、あるいはなかったのでしょうか。

私は前章で、ヴィゴツキーが晩年に歩んだ道と、彼の弟子たちの歩んだ道の違いがどこにあったのか示そうとしました。私は何の偏見を持たない読者ならお分かりだと思うのですが、当時の弟子たちが考えていたのはヴィゴツキー（一定の時期）への回帰であって、ヴィゴツキーからの離反ではなかったと思います。私たちはレフ・セミョーノヴィチをハリコフ・グループから区別したり、対立させたりする根拠を少しも持っていません。

しかし弟子たちがいて学派がないのでしょうか。確かにヴィゴツキーのさまざまな弟子たちは後にそれぞれ独自の道を選び、学問にそれぞれ独特な貢献をしたではありませんか。レオンチェフはルリヤではなく、ガリペリンはジンチェンコでなく、エリコニンはボジョヴィチではありません。つまり彼ら一人一人が固有な二つとない顔を持ち、自分なりの具体的で学問的な関心を持っていた……のです。

ところが彼らの誰一人として、いかなるときでも学派全体と対立したことはなかったのです。誰もがいかなる場合でも―どんな個々の不一致があるにせよ―ヴィゴツキーの考えの唯一の後継者であると表明しなかったのです。だから相互批判は、同じ学派の枠内で、また活動、意識、人格についての同じ理解の枠内で常に展開されました。

この点をすでに触れたペ・イ・ジンチェンコの論文、「不随意的な記銘の問題」[2]を用いて、示してみましょう。

ジンチェンコは、ヴィゴツキーが二〇年代末に「文化・歴史理論」の枠内で展開した記憶概念と、三〇年代初めにおけるその展開について述べ、この概念の価値を次の点に見出しました。つまり「ここで記銘は、能動的な過程として、また具体的な心理的行為として初めて登場する」（一五三ページ）。だがジンチェンコによれば、ヴィゴツキーは一つの根本的な誤りを犯したというのです。つまり「人間心理の社会・歴史的な被制約性が、人間

2　参照、「ハリコフ国立外国語教育大学、紀要」、ハリコフ、一九三九年、一巻。

文化の主体への影響に帰着させられた。したがって心理発達は、現実への主体の客観的関係の発達を決定するものとしてではなく、主体の意識と、文化的、理念的現実とのコミュニケーションを制限するものとして考えられた」（同じページ）。またさらに「人間心理の特異性の問題は、動物の本能的心理から人間心理への移行という視点からではなく、『生理学的なものから心理学的なものへ』の移行という視点から提起された」（一五四ページ）。（すなわち、ヴィゴツキーによれば、「自然的な」過程から「文化的」過程への移行です）。

ヴィゴツキーの主張は批判され、「当時彼の見解に賛同していた」「ア・エヌ・レオンチェフの「記憶発達」」が引用されます（一五七ページ）。

さらにもう一度次のように述べています。「ヴィゴツキーは媒介的発達を、現実と主体との客観的な関係から切り離し、この発達を概念、思考の発達に閉じ込めた」（一五六ページ）。

本質的に言って、これでこの批判は終わっています。しかしジンチェンコは、実験研究の主要な肯定的結論が次の点にあると述べています。「いかなる心理形成―知覚、表象、その他―も、事物やその特質の純粋に生理学的な受動的、鏡映的反映の結果ではなく、主体とそれらの事物や特質との間に、なんらかの行動的、能動的関係が加わった影響の結果である」。それら、つまりそれらの形成は、「客体に対して活動が実行される」時に生じるのです（一七七ページ）。

……驚くべきことです！　よくもこんなにまったく明瞭なことを見えにくくし、ひっくり返し、まったく歪めることができるものですね。

確かに、ジンチェンコはヴィゴツキーを批判しました。しかし彼が一九三四年から三五年にかけてのア・エヌ・レオンチェフと同じ視点からヴィゴツキーを批判したことに対して、私は全く困惑さえしてしまいます。またそれと同じ視点から（しかしヴィゴツキーを批判的視点で述べるのではなく）、ア・ヴェ・ザポロージェツとゲ・デ・ルーコフは、同じ年の一九四一年の論文で次のように主張しました。「子どもは自分の周囲にある事物を知るのに伴って、事物を用いる手段を我が物とする」[3]。ゲ・デ・ルーコフは一九三九年にそれと同じ主張をしてヴィゴツキーを批判しています[4]。ジンチェンコと他のハリコフの連中とは、何の違いもないのです！

確かにジンチェンコは、レオンチェフが「心理機能の発達」で述べている命題についても批判を加えました。そのことは正しかったのです。この書物は、一九二七年から三〇年にかけての「文化・歴史学派」の考えを極めて明瞭に示しています。レオンチェフと共にハリコフのすべての連中が、一九三二から三三年にかけて自分たちの考えを変えました。またハリコフの連中のすべての研究は、彼らが書いているように、レオンチェフの直接的な指導の下で、彼の引き出した命題から出発して行なわれたのです。

活動の構造組織の考え、つまり活動、行動、操作に区分する考えは、まさにジンチェンコの発案なのでしょうか。ということは、「活動論」の真の代表者はレオンチェフでなく、ジンチェンコなのでしょうか。だがそれは正しくありません。活動―行動―操作の概念は、

3　「ハリコフ教育大学紀要」、一九四一年、第六巻、一五〇ページ。
4　参照、「同上紀要」、ハリコフ、一九三九年、第一巻、六五ページ。

少なくとも一九四〇年までのレオンチェフの二つの著述に見出せます。それはテーゼ集である「心理生活の基本的な諸過程」[5]と、いわゆる「方法論ノート」です。後者の手稿はまだ刊行されていなく、一九三六年から四〇年にかけて書かれたものです。全く一般的に見て、私がすでに述べたように、ハリコフの連中のすべての考えは、集団思考の結果であって、誰が最初にどんな考えを発表したかということは、まったくたいしたことではありません。彼らは皆、ほぼ同じように考えていたのです。ガリペリンもヴィゴツキーを批判したと言われます。まさにその通りです。しかしその批判の述べられている箇所を取り上げ[6]、理解しようと努めてください。どんな主張なのでしょうか。確かにハリコフの連中とまったく同じなのです！　その後の二〇年にわたる発展によって充実しただけなのです。

5　参照、「モスクワ国立大学紀要」、『心理学』シリーズ、一九八三年、No.２。

6　参照、ガリペリン・ペ・ヤ、「知的行為の形成研究の発展」、『ソ連の心理科学』、モスクワ、一九五九年、第一巻、四四一〜四四四ページ。

### 神話　その三
### ヴィゴツキーと文化・歴史学派は同じである。

また全く同じように読んでみてください。もちろん一九三〇年にとどまるならば、ヴィゴツキーを文化・歴史心理学と同一視するのはたやすいことです。私がそんなことを示そうとしたなんて！　だがそれは、非常に厄介です。というのはすでに一九二九年にレフ・セミョーノヴィチは、新しいアプローチを考え始めていたからです。

ヴィゴツキーは文化・歴史的アプローチを作り出しましたが、それを最初に克服したのも彼だったのです。

この神話は、思考の反歴史性を宣伝する人々に根ざしています。これ以上その反ばくに時間を費やすこともありません。

### 神話　その四
### ヴィゴツキーと弟子たちの活動概念は、根本的に違っていた。

一体どうなのでしょうか。ヴィゴツキーにおける活動は説明原理にすぎず、ア・エヌ・レオンチェフにおける活動は、説明原理と同時に研究対象でもあったというのです。またレオンチェフでの活動は個人的活動であって、ヴィゴツキーの場合は社会的、集団的活動であったというのです。

ヴィゴツキーの著作を読んでみてください。するとお分かりになると思います。彼の活動の理解も二面的です。それは説明原理だけでなく、まさに人間の―実際的あるいは理論的、思考的―能動性の客観的構造でもあるのです！　さらにその是非を問うことができましょう。しかしその通りなのです。

レオンチェフの活動の「個別性」とは何でしょうか。一九八三年の「モスクワ大学紀要」第二号に掲載された一九四〇年三月十一日になされたア・エヌ・レオンチェフの講義録、「活動の分析」を読んでみてください。そうするとお分かりになると思います。活動の「個別性」なんかは問題にならないのです。レオンチェフはこの問題を師であるヴィゴツキーと同じように理解していました。私たち各人の人格、意識、活動は、社会的諸関係の内化の結果であり、共同活動の所産なのです。それらが内化されると、そのつどユニークな結合を形成し、個人特有なシステムを作り上げるのです。

ところで重要なのは、レオンチェフと弟子たちの心理学理論が、決して活動論だけでなかったことです。「活動性のアプローチ」は、なんら彼らの本質を言い尽くしていません。読まなければなりません！　せめてア・エヌ・レオンチェフの「活動、意識、人格」という著名な論文を。

**神話　その五**

**ヴィゴツキーとその学派には、原則的な同じ諸問題を正しく解決し、ソヴェト心理学で最初にマルクス主義を主張したライバルがいた。それはエス・エリ・ルビンシュテインである。**

私はセルゲイ・レオニードヴィチ・ルビンシュテインの多くの著作が気に入っています。また彼の命題の多くが後になって、誤った解釈がなされたのは、彼の責任ではないと思います。それでも彼が当時、つまり一九三四年から四〇年にかけて述べたことを見ていきましょう。

一九三四年の「心理学原理」という書物では、「……言語手段によって社会的意識が個人の意識が作り上げる」（一四二ページ）と述べられています。意識の機能的分析の章は、まったくヴィゴツキーに依拠しています（知性と感情の総合）。言語の章は、コミュニケーションと一般化の統一、言語の意味的側面と位相的側面の不一致、自己中心的言語の社会的起源です。また実際的思考の章は、思考と言語の発生上の違いです。思考の発達はヴィゴツキーに依拠しています。

これだけでもう十分です（しかしながら言うまでもなくルビンシュテインは、自分の見解を独自の方向に発展させ、ハリコフ・グループの方向と一致していなかったのです）。実は一九三四年にルビンシュテインは、ヴィゴツキーの弟子と思われるぐらいレニングラード教育大学で非常に熱心にヴィゴツキーの講義を聴きました。それにもかかわらず不思議なことに、書物の中でヴィゴツキーの名前は概して批判的にしか触れられていません。

特に興味深いのは、この書物の最初にある心理学史概説で見られるヴィゴツキーについての一節です。「ソヴェト心理学で極めて大きな位置を占めるのはヴィゴツキーである。彼はルリエ（何ということでしょう！　—著者。『ルリヤの間違い—訳者』）やレオンチェフやその他の人々と協力して、彼らによって創出された高次心理機能の文化発達論を仕上げたが、その誤りは一度ならず出版物で明らかにされた」（三七ページ）。

ヴィゴツキーと同じいくつかの考え、特に実際的行動に含まれる感情と知性の統一についての考えは、一九四〇年初版で一九四六年再版の「一般心理学原理」でも見られます。だが一九四七年になると、ルビンシュテインはヴィゴツキーのような活動の理解を拒み、私がかつて述べた一九四八年一〇月のア・エヌ・レオンチェフの「心理発達概説」という書物についての討論の時に、彼は次のように認めました。「実際に誰にも明らかなように、行動と活動、これは事実上、心理学的な規準によって決められない物質的な諸過程である」[7]。

このようにセルゲイ・ルビンシュテインは、客観的に見て三〇年代はヴィゴツキー学派そのものなのですが、その後の全人生をヴィゴツキーの弟子たちと「戦った」のです。だが当時、ヴィゴツキー学派は、ルビンシュテインがヴィゴツキーについて宣伝したことの多くをすでに克服していたのです。

また一九三四年に出版され、カール・マルクスの心理学的な考えを扱ったエス・エリ・ルビンシュテインの著名な論文について言えば、その主な内容は当時でも新しくはなかったのです。マルクスのそれらの考えの大部分は、当時ペ・ペ・ブロンスキーやヴィゴツキーによって用いられていました。またカ・エル・メグレリージェもそれらの考えを分析していています。それ以外にヴェ・エヌ・コルバノフスキーは、ヴィゴツキーの「思考と言語」（一九三四年）の初版の序文で、それらの考えに依拠しています。もちろんこの論文の意義が過小評価されることを望みませんが、この論文は時どき主張されているように、決して心

7　私の論文「ア・エヌ・レオンチェフの創造への道」、一二五ページ。典拠、討論の速記録。

理学者のためのマルクスの解明ではなかったのです。とにかくマルクス＝レーニン主義の考えが、どのようにソヴェト心理学で広まっていったかについて、より慎重に、また歴史的に正しく分析する必要があると思います。不思議なことにその分析は、イェ・ア・ブディーロワの価値ある論文、「ソヴェト心理学における哲学的諸問題」（一九七二年）以外には今までないのです。だがその論文が書かれてからすでにおよそ二〇年もたちました。その多くの点は新しい事実も見出されたので、再解釈を必要としています。今私たちは、心理学をマルクス主義的な学問に変えることに積極的に参加した多くの人々についても、違った見方をしています。例えばエヌ・イ・ブハーリンの名前を挙げておきましょう。

ヴィゴツキーを含む神話の作者や普及者は、私たちがヴィゴツキー学派とヴィゴツキー自身に対する批判的な討議に参加しないということで、私たちヴィゴツキー学派の心理学者たちを非難します。私たちはそのような討議への準備ができています。しかし、解明のためには事実を知るだけで十分な諸問題を、審議する価値などあるのかどうか、ご自身でお考えください。

# 訳者あとがき

本書の最大の特徴の一つは、ソヴェトの著名な心理学者エリ・エス・ヴィゴツキーの生い立ちや、思想、理論、また彼の学問上の師弟関係の展開過程を社会的、時代的背景と関連させながら、彼と最も親しかった高弟の一人、ア・エヌ・レオンチェフによる覚書や思い出といった史料を用い、その息子で心理学者でもあるア・ア・レオンチェフによって書かれていることです。

これまでにヴィゴツキーの書物や論文は、わが国でも数多く紹介され、出版されていますが、彼の生い立ちや、性格、趣味、日常生活の様子などについて断片的にしか知られてはいません。この点で彼の学問と人間性とのかかわりが興味を引きます。

ヴィゴツキーの活躍した時代（一九二〇年代半ばから一九三〇年代半ば）は、ソヴェト政権が成立した初期で、世界で初めての社会主義国家樹立を目指すロマンにあふれた比較的に自由な時代でした。彼も当然その時代の社会的雰囲気の影響を受け、マルクス・レーニン主義のイデオロギーを基にして心理学を再構築しようとしたのです。だがそれはお仕着せの教条的なアプローチではなく、あくまでも客観的で実証的な方法論によって歴史的、社会的な存在としての人間の意識構造を立証しようとするアプローチでした。それは、マルクス・レーニン主義のイデオロギーをただ鵜呑みにするのではなく、心理学を通じてその正当性を証明し、もしもそのイデオロギーと心理の事実との間に不整合が生じるならば、そのイデオロギー自体を修正し、止揚させせようとする弁証法的でダイナミックなアプローチだったのです。したがって彼の心理学は、常に社会とのかかわりの視座から、つまりコミュニケーション、言語と記号、集団と個人との関係、労働や目的的な活動といった点から人間の意識構造を全体的に捉えようとする人格論であり、また認識（認知）論であったのです。心理の個々の側面だけに限定された技術論的な心理学理論ではなかったのです。

しかし彼のような自由主義的な思想は、彼の死後まもなく一九三〇年代半ば以降からスターリン体制の下で批判され、抑圧され、弾圧されます。その復権がなされたのはスターリンの死後の一九五六年以降のことです。

本書はゴルバチョフ政権末期、つまりソヴェト政権崩壊の直前、一九九〇年に出版されました。学問の世界においてもきわめて大きなイデオロギーの面での動揺があった事は当然推測されます。著者ア・ア・レオンチェフは、マルクス・レーニン主義の立場に立ちながら、そのイデオロギーを絶対視したり、完成されたものとして受け止めるのではなく、常に発展し、修正され、弁証法的に止揚されるものとして捉えています。したがってヴィゴツキーの多面的で総合的な心理学理論も完成されたものではなく、その理論を今後さまざまな視点から実証し、進化させていく創造的な研究の必要性が説かれています。

一九八〇年代以降、世界各国でヴィゴツキーの再評価が生じました。特にヴィゴツキー研究が活発なのは、皮肉なことにアメリカ心理学会です。その背景には現代心理学の方法論上の欠点、つまり人間を全体的に捉えるのではなく、一面的、部分的に捉える傾向や、環境を一定の社会的構造や性質を持つものとしてではなく、単なる生物主義的な自然的固定的なものとして捉え、人間心理の内的構造を決定するモーメントとして見ないことなどへの反省があると思われます。

ところで本書は、ソヴェト時代の教育制度（今日のロシアにおいても教育制度それ自体は基本的に変わっていない）による中等学校九―一一学年生徒（年齢的には、ほぼ日本の高等学校生徒に相当する）を対象として書かれていますが、これほどレベルの高い内容であることに驚かされます。わが国の高等学校での教育状況や今日の高校生たちの学力レベルから見て、想像もできないことです。

前書きとして著者から貴重な玉稿をいただきました。紙面の制約上、またその内容が本書の内容と重複する部分があり、一部割愛させていただきました。

本書の出版に当たって新読書社社主伊集院俊隆氏は、提案からロシアの出版元との交渉まで、困難を克服し、不可能を可能に導いて下さいました。同じく伊集院隆介氏は、原著者ア・ア・レオンチェフ氏と会われ、訳者との仲介の労をとって下さいました。お二人のお力と励ましがなかったならば、本書は刊行されなかったでしょう。心より感謝し、最初の御提案から何年もの時が経過してしまったことを深くおわびします。

翻訳作業は分担の後、互いの原稿を交換、さらに全体を菅田が監修しました。校正作業には山梨大学大学院の榊原剛氏の多いなる協力を得ました。

本書が日本におけるヴィゴツキー研究の一助となるならば幸いです。

二〇〇三年六月一日

訳者代表
菅田洋一郎

# 新装改訂版の刊行によせて

二〇一六年一一月一七日は、レフ・セミョーノヴィチ・ヴィゴツキーの生誕一二〇年にあたる日です。ロシアでは、今年モスクワを中心に記念行事や学会が行なわれています。訳者も一一月一四日からの「ヴィゴツキー生誕一二〇周年記念国際大会」に参加しました。

このたび、二〇〇三年に発行された本書が新読書社主、伊集院郁夫氏の御助言と御厚意により、新装改訂版として二度めの旅に出ることになりました。ヴィゴツキーに関する本は、ロシアを中心に世界中で出版され続け、今なお新たな論議を巻き起こしています。国境を越えて語り継がれるところにヴィゴツキーの大きな人柄を感じます。

ソビエト時代、死後もヴィゴツキーの名前は「封印」されたままでした。伝説として「知る人ぞ知る」状態であったわけですが。諸外国で、その名が知られるようになったのは、一九六二年英訳と和訳が刊行されてからのことです。以後、世界中でヴィゴツキーの再評価が始まり、現在もそれは続いています。現代のロシアの心理学、教育学、障害児教育学などの分野では、彼からみて孫やひ孫の世代が彼の理論を守り、展開し続けています。もしそれを彼が実際に目で見ることができたら、どんなに喜んだことでしょう。

ヴィゴツキー理論やその現代的意義についての著作は山とありながら、伝記や人物描写、つまり人間ヴィゴツキーについての記述はかなり控えめでした。しかしその短過ぎる彼の生涯と思想形成に、子ども時代や青春時代は大いに関わってくるといえましょう。訳者らが伝記的記述や人格形成期に注目する理由はそこにあります。本書の原著は一九九〇年にモスクワで発行されましたが、筆者のA・A・レオンチェフも書いているように、ヴィゴツキーの伝記は、近くで仕事を共にした同僚や弟子でさえなかなか書けなかったのです。ヴィゴツキーはどの分野の誰にとっても自分の師のように思えるようなスケールの大きな人物だったからでしょう。

それでも一九九五年以降、娘ギタとリーファノヴァの共著、エルサリムで出された「ヴィゴツキーについての、ドープキン氏の思い出」、そしてイーゴリ・レイフによるヴィゴツキーの伝記（モスクワ二〇一五）など、ようやく彼の子ども時代・青春時代がわかるような出版が相次ぎました。病気と隣り合わせの短い生涯を知るにつけ、彼の一日が人の何倍もの重みを持った一日であったことがわかります。

本書には彼の研究・教育活動と人生が詳しく述べられ、どのように思想が生まれ、時代と向きあったのかが書かれています。新装改訂にあたっては、著者A・A・レオンチェフの単刀直入な表現を生かしたまま、前訳の不備を補いました。固有名詞のカタカナ表記には異論のあるところかもしれませんが、なるべくロシア語の発音に近くなるように心掛けました。

新読書社は『子どもの想像力と創造』を一九七二年に刊行して以来、四四年の長期にわたってヴィゴツキーの邦訳書を継続して世に出してきたわが国唯一の出版社です。出版に対するその姿勢には心から敬意と謝意を表します。ヴィゴツキー自身の原稿は、彼の存命中も死後も本国においては発行がかなわなかったことを考えるとき、こうして偉大な人々の思想を日常的に読むことができるのは、出版という仕事を背負ってくれる人々がいるからであると、やっと気がつくのです。改めて伊集院郁夫氏と新読書社に深謝いたします。

なお、ヴィゴツキーの伝記としては、邦訳書として拙訳『天才心理学者ヴィゴツキーの思想と運命』(二〇一五、ミネルヴァ書房)があります。本書とは別の視点で書かれていますが、合わせてお読みいただきヴィゴツキー理解の一助としていただけるならば幸いです。

広瀬　信雄

二〇一六年一一月一七日
(ヴィゴツキー生誕一二〇年の日に)

◆監訳者について
**菅田洋一郎**（すがた　よういちろう）
1931年　東京都生まれ。東京教育大学特殊教育学科卒、同大大学院教育学研究科（博士課程）を経て、1963年から1992年まで京都教育大学発達障害学科で研究、指導にあたる。教授。保健管理センター長歴任。京都教育大学名誉教授。2003年３月まで就実短期大学学部長、教授。
主な訳書：「ヴィゴツキー障害児発達論集」（編訳）ぶどう社 1982、「ちえおくれの子の発達と労働教育」（共訳）ぶどう社 1980、「知能検査の開発と選別システムの功罪」（監訳）晃洋書房 1995、「子どもの心はつくられる（ヴィゴツキーの心理学講義）」（監訳）新読書社 2002、他

◆訳者について
**広瀬信雄**（ひろせ　のぶお）
1953年長野県生まれ。京都教育大学特殊教育学科卒、東京学芸大大学院教育学研究科（修士課程）を経て、1978年から1989年まで、養護学校教諭。現在、山梨大学教育人間科学部、教授（障害児教育講座）。附属特別支援学校長、副学部長歴任。
主な訳書：「きこえない人ときこえる人」新読書社 1995、「みえる・きこえる―指先の世界―」新読書社 1997、「学習障害幼児とあそび」新読書社 1998、共著に「はじめて学ぶヴィゴツキー心理学」明神もと子編、新読書社 2003、「天才心理学者ヴィゴツキーの思想と運命」（訳）ミネルヴァ書房 2015、他

新装改訂版
ヴィゴツキーの生涯

2017年１月27日　初版１刷

監訳者　菅　田　洋一郎
訳　者　広　瀬　信　雄
発行者　伊集院　郁　夫

発行所　㈱ 新 読 書 社
東京都文京区本郷５－30－20
電話　03－3814－6791

組 ㈱ステーションエス　印刷 製本 互恵印刷

ISBN978-4-7880-4122-6 C3011